10 ANS DE LIBERTÉ

Née en 1988, Natascha Kampusch avait dix ans lorsqu'elle a été kidnappée sur le chemin de l'école. Après huit ans de captivité, elle a réussi à s'enfuir. Elle a par la suite écrit un livre, *3 096 jours*, dans lequel elle raconte cette épreuve.

Paru au Livre de Poche :

3 096 JOURS

NATASCHA KAMPUSCH
Avec Heike Gronemeier

10 ans de liberté

TRADUIT DE L'ALLEMAND
PAR CÉLINE MAURICE ET SYLVIE ROUSSEL

JC LATTÈS

Titre original :

10 JAHRE FREIHEIT
Publié par List, une maison du groupe Ullstein Buchverlage GmbH.

© Ullstein Buchverlage GmbH, Berlin, 2016. Tous droits réservés.
© Éditions Jean-Claude Lattès, 2016, pour la traduction française.
ISBN : 978-2-253-13202-8 – 1re publication LGF

Dédié à toutes les femmes courageuses qui se battent pour leur indépendance, dans l'espoir d'une vie libre et autonome.

Dédié à tous ceux qui ont pu s'échapper d'une situation qui semblait sans issue.

Je dédie aussi ce livre à tous ceux et toutes celles qui ont subi dans leur enfance l'horreur de la violence et des abus sans jamais recevoir d'aide extérieure. J'espère qu'ils seront un jour en mesure de surmonter leur douleur et de se trouver eux-mêmes. N'abandonnez pas, ne vous abandonnez pas, même si le chemin à parcourir vous paraît interminable. Ces dix dernières années, notamment, m'ont appris que la liberté commence dans notre âme et se fraye lentement un chemin de l'intérieur vers l'extérieur.

Prologue

Crois en toi tu as de la valeur. Console-toi tout s'arrangera. Sois forte. Tiens le coup tu y arriveras. Tu seras récompensée. Courage. Il y a toujours de l'espoir. N'abandonne jamais ! Fais-toi confiance !! Crois en l'avenir. Tout va s'arranger. De la force ! Quand tu veux quelque chose, et que tu y travailles tu <u>atteindras</u> ton but. Rien ne peut te tuer. Sois brave. Tout ce que tu laisses les autres te faire ne devrait pas être ton problème, libère-toi. Les efforts sont récompensés. À la fin, tu obtiens <u>toujours</u> ce que <u>tu veux</u>. Ce qui ne te tue pas te rend plus forte. Les routes menant au but peuvent être pénibles, mais, à chaque pas ça te semblera plus facile ! Tu supportes tout s'il le faut. S'il te démolit ou qu'il est méchant ou autre, c'est pas ton problème, c'est le sien !

J'ai écrit ces lignes (avec leurs maladresses et fautes de ponctuation) pendant ma captivité, avec des feutres de différentes couleurs, au dos d'un calendrier mural. J'ai aussi encerclé les passages qui comptaient le plus pour moi. Mon écriture était un peu gauche et, comme il n'y avait pas beaucoup de place sur la feuille, les phrases et les lignes s'enchaînaient. D'ailleurs, tout, dans cet espace minuscule, s'enchaînait. Les jours et les nuits, les minutes et les heures, la lumière et l'obscurité, les rêves et la réalité, l'état d'éveil tendu et le sommeil agité se confondaient. Une vie comprimée dans quelques mètres carrés, entourée de murs épais et massifs. J'étais introuvable, peut-être oubliée et abandonnée depuis longtemps, comme mon ravisseur essayait régulièrement de me le faire croire.

J'ai écrit ces lignes à dix ou onze ans, je ne sais plus exactement. J'étais convaincue que ces phrases d'encouragement n'auraient jamais de sens ailleurs qu'ici, sous terre, dans ce cachot. Qu'elles m'aideraient à affronter mes années de captivité, quelle que soit sa durée, me permettraient de me distancer du ravisseur et de ses actes, quoi qu'il m'inflige. Je n'aurais jamais imaginé qu'elles conserveraient leur importance bien après ma libération.

Après mon évasion, les murs épais de plus de cinquante centimètres, faits de gravats, de béton et de métal, furent remplacés par d'autres qui me semblèrent d'abord plus transparents, plus faciles à transpercer. Pourtant, je ne suis toujours pas venue à bout de ces nouveaux murs, qui se renouvellent en permanence. J'avais placé bien des espoirs dans ma liberté toute neuve ; pendant ma captivité, je me l'étais imaginée infiniment belle et bonne. Mais ces murs, ces enceintes lui imposent sans cesse des limites inébranlables, même si je me jette contre elles de toutes mes forces. Elles paraissent si arbitraires que je ne trouve pas le moyen de les vaincre. À chaque tentative pour les franchir, je suis systématiquement renvoyée en arrière dans mon développement, dans mes efforts pour me réconcilier avec la vie, avec ma vie.

Bon nombre de ces enceintes sont venues de l'extérieur, érigées par un intérêt public qui a fini par devenir incontrôlable. J'ai reçu énormément de marques sincères d'empathie et de compassion, mais en tant que victime, ce que j'étais bien malgré moi, j'ai aussi dû affronter un grand manque de sensibilité éthique et morale, ainsi que de l'incompréhension face à mes besoins. La sympathie initiale s'est mêlée d'exigences et d'attentes, spéculations et théories grossières ont pris le pas sur des faits pourtant clairs au départ. Bon nombre de ceux qui ont eu un rapport avec ce crime, ou qui s'y sont intéressés après mon évasion, ne se sont pas préoccupés des personnes qu'il touchait mais n'y ont vu que l'opportunité de se faire connaître, ne serait-ce que pour la brève durée d'une interview.

En la matière, cette affaire a fait beaucoup de victimes, directes et indirectes. Mes parents et ma famille en font partie. Je sais que, au cours des huit ans et demi de ma captivité, ils ont traversé l'enfer bien des fois, déchirés par les reproches qu'ils se faisaient à eux-mêmes et leur incapacité à entreprendre quoi que ce soit pour mettre fin à cette situation ;

soupçonnés et accusés, observés avec méfiance, oscillant entre l'espoir et la résignation, proies complaisantes des médias qui se battaient pour obtenir le « scoop ultime ». Mes camarades de classe, sous le choc, se sont sentis coupables et ont craint de subir un sort similaire. Les nombreux enquêteurs et policiers se sont retrouvés écrasés par la pression et l'obligation de résultats, malgré la maigreur des indices. Peur de l'échec, erreurs manifestes, théories toujours nouvelles sur ma disparition ou ma captivité, tout cela a créé un mélange à l'arrière-goût resté très amer, aujourd'hui encore.

Je suis moi-même devenue une personnalité publique, non parce que je l'avais toujours souhaité, mais parce que « l'affaire Kampusch » ne s'est jamais apaisée. Les spécialistes des théories du complot, les journalistes, les enquêteurs véritables ou autoproclamés, les politiciens et la justice, chacun y est allé de son couplet, se servant de moi à des fins sur lesquelles je n'avais aucun contrôle, et dont le véritable motif n'apparaissait souvent que bien plus tard. De fait, élucidation de l'affaire et intérêt de la victime n'ont parfois été qu'un alibi.

On m'a accusée d'avoir moi-même planifié mon enlèvement, de couvrir d'éventuels complices, de mentir, de sombrer dans l'auto-apitoiement et de tirer en permanence profit de cette histoire : elle n'aurait jamais pu se dérouler de la manière dont je la racontais, car je ne ressemblais pas à une victime martyrisée pendant des années.

J'avais eu assez de temps pour me préparer au jour J, même si, sur bien des points, il s'est déroulé de manière très différente de ce que j'avais escompté, et m'a littéralement submergée. Je n'ai espéré ni sauveur inconnu ni miracle, mais me suis délivrée moi-même quand je m'y suis sentie prête intérieurement et qu'une occasion s'est présentée. J'ai gardé le contrôle, je ne me suis pas résignée à mon sort. Durant mes huit ans et demi de captivité, j'ai joué en partie le rôle que mon ravisseur m'avait assigné, mais je ne l'ai jamais accepté comme le sens de ma vie. Je n'ai jamais abandonné mon identité intérieure, n'ai pas laissé ma volonté se briser. Dans le cas contraire, je n'aurais probablement pas survécu.

Après mon évasion, la force qui m'avait permis de m'adapter à cette situation surréelle est devenue une tare, une preuve supposée que « ça ne pouvait pas avoir été si dur que cela ». Plutôt que de se réjouir avec moi en constatant que j'avais à peu près surmonté ces longues années, on s'est mis à me démolir. L'ambiance entourant le « miracle de Strasshof[1] » s'est changée en envie, en jalousie, voire en une haine ouverte qui a déferlé sur moi, notamment permise par l'anonymat protecteur d'Internet. Une forme de haine que, jusqu'à aujourd'hui, je ne comprends pas vraiment.

---

1. Strasshof-an-der-Nordbahn est la petite ville autrichienne où se trouve la maison dans laquelle Priklopil a séquestré Natascha Kampusch. *(N.d.T.)*

J'en suis venue à devoir me justifier pour un crime commis à mes dépens. Comme le ravisseur n'était plus là, il n'y a pas eu d'affaire Priklopil, mais seulement l'affaire Kampusch. D'une certaine manière, il m'a fallu expier l'inquiétude que cet acte avait fait naître au sein de la société. Un acte criminel commis par un seul homme a mis en évidence la fragilité du vernis de civilisation qui recouvre notre collectivité. Nous sommes les Bons ; le Mal est tapi dans l'abîme, il a forcément une face hideuse, est forcément reconnaissable, évident. Mais, justement, ce n'est pas le cas. Croire cela n'est qu'une vaste illusion. En collant aux coupables l'étiquette de « monstre » ou de « bête », comme on l'a fait aussi pour Josef Fritzl[1], et en les élevant ainsi au-dessus de la normale, à une dimension d'« horreur surhumaine », on espère peut-être une sorte d'absolution : on n'aurait rien pu imaginer de tel, cela dépasse complètement l'entendement. C'est vrai, bien sûr. Mais n'est-il pas vrai aussi que « la société » (sans vouloir faire de généralisation) détourne régulièrement les yeux, esquive, laissant ainsi les choses suivre leur cours parce qu'elle ne supporte pas que le Mal existe aussi dans le voisinage, la famille, parmi nous ?

Voilà d'où vient ce lourd malaise, voilà l'élément insupportable, qui pousse à soupçonner ici une vaste

---

1. Josef Fritzl a retenu sa fille dans une cave du sud de l'Allemagne pendant vingt-quatre ans et lui a fait sept enfants. L'affaire a été découverte en 2008. *(N.d.T.)*

conspiration. L'acte d'un individu qu'on trouvait agréable, d'un bon citoyen qui tondait bien sa pelouse, peut-être un peu « fifils à sa maman », mais toujours aimable – c'est impossible, ça ne peut pas être vrai. Tout cela doit forcément être pire, il faut y intégrer bien plus de monstruosité pour pouvoir le supporter.

Moi, j'ai dû supporter les deux. La captivité, puis « l'emprisonnement » de substitution qui a suivi. J'ai parfois eu l'impression de voir des enfants tenter de sauver un coléoptère rare, se disputer pour savoir qui le garderait, et finir par l'écraser dans un excès de zèle. J'ai dû m'adapter à tant d'images, à tant de rôles qu'on m'attribuait d'un coup, que je me suis demandé de temps en temps qui j'étais réellement. La plupart des gens se sont fait leur propre image de moi, de la personne que je suis. Rien n'est plus déconcertant que de se retrouver confronté à soi-même. C'est déjà le cas dans l'introspection, dans sa propre intimité, mais c'est encore plus difficile quand cela se produit sur la scène de l'opinion publique. Chaque journaliste, chaque passant dans la rue croyait en savoir plus que moi sur l'histoire de ma vie, sur moi-même, sur ce que je pensais, ce dont j'avais besoin, ce que je ressentais, celle que je devais être. Il me semblait parfois ne pas arriver à la cheville de Natascha Kampusch. Je n'étais pas l'icône stylisée jusqu'à la sainteté, semblable à la Vierge Marie, inventée à partir d'une photo publiée avec mes premières interviews. Je n'étais pas l'extraterrestre ou l'ange envoyé pour fonder une nouvelle Église des illuminés. Je n'étais pas le modèle à suivre pour ceux qui, ayant subi eux aussi un traumatisme grave, espéraient que je possédais la solution à leur problème. Je n'étais pas non plus la traînée, la salope qu'il fallait enfoncer encore plus dans la boue pour qu'elle comprenne enfin ce que bouffer de la merde signifiait vraiment. Et je n'étais pas une source d'inspiration pour les fantasmes les plus crus sur la bonne manière de traiter les jeunes filles et les femmes, pas l'objet d'autres humiliations et avilissements. Dieu sait que j'avais eu bien assez de tout cela.

J'avais fui un ennemi et me retrouvais d'un coup confrontée à d'autres, innombrables, par milliers sur certains forums Internet. Sans en connaître un seul, sans avoir de rapport avec aucun d'eux. Mais surtout, je n'étais pas préparée à être ainsi livrée, sans défense, à « l'extérieur » : cet « extérieur » avait tant de facettes que je n'aurais pas pu y être préparée. Au cachot, j'avais fini par apprendre quel comportement entraînait quelle réaction et quelle punition. D'une certaine manière, le ravisseur agissait de façon très prévisible. Il savait sur quels « boutons » appuyer pour m'atteindre, et à l'inverse, après quelques années, je l'ai su aussi.

Couper le courant, éteindre la lumière, confisquer les piles du walkman, me priver de nourriture, m'infliger coups et autres sévices. Le refus de l'appeler « maître », le pouvoir de mal faire le ménage, de laisser ici ou là un cheveu ou une empreinte digitale qui pourrait un jour provoquer sa perte. La peur permanente, surtout plus tard, quand j'étais avec lui à la caisse du supermarché ou du magasin de bricolage, que tout ne soit découvert et que quelqu'un ne puisse me remarquer. Pendant ma captivité, je n'avais que bien peu de ficelles en main ; il m'a fallu très longtemps pour prendre conscience qu'elles existaient et que, parfois, je pouvais aussi les tirer.

Dehors, dans le monde des Bons, je n'ai eu pratiquement aucune chance. Ici, rien ne fonctionnait selon un schéma immuable de réactions, d'actes, de fautes, de punition ou de récompense. Ici, des intérêts très divers étaient en jeu, et des formes bien plus subtiles de punition et de récompense avaient cours. Cette « affaire Kampusch », qui n'en était plus une depuis longtemps puisque le crime lui-même avait été élucidé, couvait en permanence, et cela m'a mise à très rude épreuve. Les rumeurs toujours plus folles m'ont empêchée de trouver la paix. Au début, j'ai été indignée. Puis furieuse. Puis juste triste. Sans cesse, je me demandais pourquoi on me rejetait à ce point, pourquoi, d'une certaine façon, on m'estimait capable de presque plus de crimes que le ravisseur. On m'accusait du pire, et cela semblait à peine suffire. Je n'ai pas compris comment les frontières pouvaient se brouiller à ce point. Peut-être parce que j'ai inconsciemment tendu un miroir à certaines personnes ou à certaines parties de la société, et que le reflet qu'ils y ont vu leur a fait peur – peur des abîmes, du refoulement, mais aussi de laisser libre cours aux forces et aux faiblesses.

J'ai réellement cru qu'avec mon évasion commencerait ce que, au cours d'une interview, j'ai appelé « ma troisième vie ». Un tout nouveau chapitre, un nouveau départ, plein d'énergie et de possibilités. Mais j'avais sous-estimé la manière dont l'extérieur me forcerait sans relâche, pendant très longtemps, à accorder une place à mon sombre passé. Par moments, j'ai vraiment été convaincue de pouvoir me débarrasser de mon passé comme on ôte un gant, de ne plus me retrouver en permanence confrontée à l'opprimante existence d'avant. Comme si j'avais perdu la mémoire et pouvais désormais mener une vie toute neuve. Mais, avec le temps, ce gant symbolique a gagné le statut de celui qu'on jetterait pour provoquer un duel. Je sais très bien que je n'ai pas perdu la mémoire et que ce gant aux doigts sombres me rappellera à jamais mon histoire ; je ne l'ai pas choisie, mais elle m'accompagnera toute ma vie. Je le sais, j'y suis préparée, et j'arriverai à m'y faire, d'une façon ou d'une autre, plus ou moins bien. Je n'avais en revanche pas escompté que d'autres me jetteraient leur propre gant, animés par des motifs parfois plus douloureux que certains sévices du ravisseur. Eux, au moins, étaient évidents.

J'ai complètement sous-estimé la force nécessaire pour clore ce que je n'ai manifestement pas le droit de clore, ou qui ne peut pas l'être. Chaque fois qu'il me semble pouvoir y arriver, être sur la bonne voie, « le monde » me détrompe. Parfois, c'est mon monde intérieur, le souvenir, qui m'empêche de me détacher du passé. Mais, bien souvent, c'est le monde extérieur qui semble déterminé à m'empêcher de mener ma propre vie, en m'emprisonnant dans une cellule où j'ai été enfermée *de facto* pendant de longues années, mais de laquelle je ne suis apparemment pas autorisée à me libérer.

En effet, de même que le coupable doit être élevé à un autre rang pour que son acte devienne plus supportable, la victime aussi doit remplir un rôle : soit rester brisée jusqu'à la fin de ses jours, soit se soumettre à des attentes impossibles à satisfaire. J'ignore si une personne extérieure dirait que j'ai échoué, par exemple parce que j'ai obtenu mon certificat de fin d'enseignement obligatoire[1] mais que je n'ai pas encore suivi de formation professionnelle. J'ignore si, à l'avenir, on considérera que j'ai échoué. Cela dépend toujours de l'échelle à laquelle on mesure cet « échec ». Pour moi, le simple fait d'être encore en vie est une victoire ; d'être capable de supporter ce à quoi l'extérieur m'a confrontée, y compris et surtout au cours des dix dernières années ; de pouvoir, dans une large mesure, vivre de manière indépendante et autonome.

Je vis entre ces deux pôles que sont la force des survivants et la faiblesse des victimes ; cela n'est peut-être visible qu'au second coup d'œil. Ce qu'on

---

1. Équivalent du brevet des collèges. *(N.d.T.)*

a souvent pris pour de l'arrogance ou de l'orgueil n'était rien d'autre, dans de nombreux cas, qu'une mise en retrait, un signe d'incertitude, une carapace protectrice que j'ai commencé à construire dès mon enfance et été forcée d'achever au cours de ma captivité. J'ai sous-estimé l'importance que cette carapace aurait aussi en liberté. Les mots peuvent être très blessants. De même, certains mécanismes sociaux peuvent infliger des plaies douloureuses. J'ai expérimenté, souvent avec une grande amertume, des situations que beaucoup côtoient aveuglément toute leur vie durant sans jamais devoir en prendre conscience. Je souhaiterais parfois que cela, précisément, me soit resté épargné. Et en écrivant ces lignes, je sais que des phrases de ce type seront considérées par certains comme de l'auto-apitoiement, qu'elles entraîneront dans des blogs des commentaires du type « T'as qu'à retourner dans ta cave », ou qu'on dira « Ah, elle sort encore un livre » ou « Fais donc pas tant l'intéressante, de toute façon, personne supporte plus de voir ta tronche ».

J'y suis préparée. Et malgré tout, je ne perdrai pas la foi en la bonté de l'Homme, pas plus que le courage, si on souhaite appeler ça du courage, de parler de ce que je juge important.

Trois ans après mon évasion, j'ai dit dans une interview que je me sentais comme une orchidée déracinée, une plante qui, emportée ici et là par le courant, accroche ses racines quelque part un moment avant d'être de nouveau entraînée plus loin, et se retrouve plantée là où d'autres veulent la voir. J'espère que ce livre permettra de mieux faire comprendre mon besoin de pousser et de croître là où bon me semble, de la manière qui me convient. Qu'il aidera aussi à la réconciliation en incitant à oser un second regard, un coup d'œil à l'arrière-plan. Enfin, j'aimerais mettre un point final à une histoire dont tous les protagonistes ont fini par devenir les jouets.

J'aimerais avoir davantage confiance en moi et en l'avenir. Je n'ai qu'une vie, et je voudrais l'employer au mieux. Même si le chemin menant à cette vie, à mon avenir, est ardu, chaque pas me semble plus facile à franchir. Chaque journée en liberté est un cadeau que j'essaie de recevoir avec joie et reconnaissance, mais aussi avec courage et désir d'agir.

Nelson Mandela a dit un jour : « Être libre ne signifie pas seulement détacher ses propres liens, mais mener une vie qui respecte et soutient aussi la liberté des autres. » Je dois moi-même détacher mes propres liens – comme chacun d'entre nous…

Entre « Kaspar Hauser »
et « sensation mondiale »

Les premières semaines de ma nouvelle vie

> *Ils bourdonnaient tous autour de moi comme un essaim d'abeilles, tout le monde se disait, ah, elle et son histoire, on va pouvoir en tirer quelque chose. Je sortais littéralement de mon trou, et la première chose que j'ai vue, c'étaient des contrats. Ils ont tous dit, tu dois juste signer ici, tu dois juste faire ce qu'on te dit, et tout ira bien.*

Les premiers jours de ma nouvelle vie en liberté, je les ai passés, si l'on peut dire, en non-liberté. Cela aurait dû être un retour au monde protégé, en douceur, aussi abrité que possible de la tempête médiatique qui faisait rage dehors. Elle avait éclaté avec une violence inattendue après mon évasion et la nouvelle que Natascha Kampusch, disparue depuis des années, était réapparue. Le choix de mon nouveau foyer temporaire s'était porté sur l'AKH[1], l'hôpital général de Vienne, notamment parce que, après huit ans et demi au cachot, j'avais besoin d'un examen médical approfondi. Ma période en captivité avait aussi laissé des séquelles physiques évidentes.

J'avais de graves problèmes oculaires et réagissais avec une sensibilité excessive au passage de l'ombre à la lumière. J'avais du mal à fixer un point précis, mes yeux papillonnaient sans répit. Quand je me sentais stressée (et au cours de ces premiers jours, tout me stressait), je me mettais à rouler des yeux, ce qui ressemblait sûrement à une sorte de tic, une tare héritée de la cave.

J'avais des problèmes d'équilibre et de motricité, et du mal à évaluer les distances. Il m'était difficile d'évoluer « sans les mains » dans une grande pièce : j'avais besoin de quelqu'un ou de quelque chose à quoi me tenir afin de pouvoir poser les pieds sans tituber. Le rayon de déplacement restreint imposé par les murs qui m'avaient entourée pendant des années s'était pour ainsi dire gravé dans ma tête. Ces murs, d'un côté instrument de torture et de tourment, m'avaient de l'autre offert protection et sécurité. Quand j'avais été autorisée à sortir pour la première fois, les dimensions de la maison au-dessus du cachot m'avaient terrifiée : le trajet jusqu'en haut qui, aux dires du ravisseur, était parsemé de pièges

---

1. Allgemeines Krankenhaus Wien. *(N.d.T.)*

explosifs prêts à sauter au moindre faux mouvement ; les nombreux recoins desquels Priklopil aurait pu bondir à tout moment pour m'attaquer. Dans ma pièce sous terre, j'étais parvenue avec le temps à me préparer à l'arrivée du ravisseur. J'entendais le frottement du coffre-fort qu'il poussait, savais évaluer le temps qu'il mettait à se glisser à travers l'étroite entrée puis à actionner le mécanisme de la lourde porte. En haut, dans la maison, quand je devais travailler pour lui, je me sentais moins protégée, plus directement exposée à sa volonté et à ses humeurs.

À cause de la malnutrition, j'avais développé toute une série d'allergies, ma peau et mon système digestif réagissaient au moindre changement. Sur les premières photos diffusées à la télévision et publiées dans les journaux après mon évasion, on peut voir mes jambes maigres sous la couverture bleue, en dessous de l'ourlet de ma robe d'été bariolée. Ma peau est blême, couverte de taches rouges et brunes et d'hématomes.

Durant toutes ces années en captivité, je n'ai jamais vu un médecin. Les blessures que le ravisseur m'a infligées, y compris une brûlure à l'eau bouillante aux mains et aux bras, n'ont jamais été soignées professionnellement. Après coup, je pense avoir eu de la chance de ne jamais avoir subi d'infection grave, car la personnalité dédoublée de mon ravisseur et son mépris de la dignité humaine se manifestaient même quand ma santé était en jeu.

D'un côté, il se montrait presque hystérique envers tout ce qu'il considérait comme une nourriture saine. Il se méfiait des aliments en général, convaincu que les grandes entreprises agroalimentaires étaient toutes de mèche et empoisonnaient l'humanité à petit feu avec des plats contaminés. Les épices, surtout, étaient irradiées et devaient à tout prix être évitées. Plus tard, il supprima de notre menu les féculents, le sucre et même les fruits, à cause du poison contenu dans la peau. En même temps, il lui arrivait de me priver de nourriture pendant des jours si je me montrais « trop récalcitrante ». Les crampes d'estomac et les vertiges dont je souffrais étaient selon lui une sanction méritée pour ces incartades. Aujourd'hui encore, j'ai un rapport difficile à la nourriture.

En décembre 2006, on a enregistré une émission sur le thème « le premier Noël en liberté ». Au bout d'une demi-heure, j'ai appelé un de mes avocats : « Je suis à Gänserndorf, viens tout de suite, s'il te plaît, c'est très compliqué. » Le tournage avait lieu chez une employée de l'ORF[1] ; un énorme camion de déménagement était garé devant la maison et une foule de gens en sortaient divers objets destinés à redécorer les lieux. Tout le monde s'agitait autour de moi, des câbles traînaient partout, et j'étais assise seule sur un canapé, oubliée de tous ; à cet instant,

---

1. *Österreichischer Rundfunk*, Radiodiffusion autrichienne. *(N.d.T.)*

personne ne s'est aperçu que j'étais terriblement isolée au milieu de tout ce monde.

Peu après, un traiteur a apporté des plateaux de biscuits et de sandwiches ; les gens se servaient au passage, mangeaient en marchant, des miettes tombaient sur la moquette, des tomates pleines de mayonnaise atterrissaient sur le sol. J'étais éberluée de voir la négligence avec laquelle on traitait la nourriture. Six mois après mon évasion, les mécanismes du cachot fonctionnaient encore à la perfection. La nourriture, ça se méritait et ça se respectait. « Te goinfre pas comme ça, sinon t'auras plus rien. Tu t'es encore salie. » Un jour, en prenant un morceau de poisson dans la poêle, j'avais fait tomber un peu de panade. Le ravisseur avait alors attrapé mon assiette et versé du produit vaisselle dedans, pour m'apprendre à ne pas faire de taches.

La propreté était d'ailleurs ce qui comptait le plus à ses yeux. Les germes étaient le pire des maux, partout à l'affût, dangereux vecteurs de maladies invisibles. La véritable névrose du nettoyage dont souffrait Priklopil n'était sans doute pas seulement liée à son désir d'éliminer la moindre trace de ma présence. Un cheveu tombé de ma tête, une particule de peau, une empreinte digitale, rien de tout cela ne devait jamais être découvert en haut, dans la maison. En plus de cette paranoïa, qui empira au fil des années, il avait une peur panique des maladies provoquées par les germes, les virus ou les bactéries.

D'un autre côté, il n'hésitait pas à me frapper violemment, à me donner des coups de pied ni à m'infliger des blessures sanglantes. Un jour, j'ai glissé dans l'escalier menant au cachot, me suis cogné la tête sur une marche et suis ensuite restée un moment sans connaissance. Quand je suis revenue à moi, j'avais la nausée et un martèlement sans fin retentissait dans ma tête. J'ai craint de m'être fracturé le crâne. Les jours suivants, je suis restée au lit, incapable de bouger. Dès que je me redressais, je me sentais à deux doigts de m'évanouir. Mon ravisseur ne s'en est pas inquiété le moins du monde. Au contraire, il m'a punie pour mon « comportement imbécile », parce que, dans ma chute, j'avais lâché un saladier en verre, et que mon sang avait sali les marches. J'ai alors vraiment réalisé que, en cas d'accident grave, il me laisserait mourir plutôt que d'aller chercher de l'aide.

J'ai dû apprendre à supporter la douleur et à vivre avec elle, à endurer la faim, cette sensation lancinante qui anesthésie les sens, donne le vertige et fait perdre tout contact avec la réalité. Après avoir subi une longue période d'affamement, je n'étais capable d'absorber la nourriture que par petites bouchées. L'odeur, la consistance, tout ce dont j'avais rêvé au cours des jours précédents devenait soudain excessif. Ma gorge était nouée, mon estomac brûlait terriblement, mon ventre était gonflé, et avaler était une torture.

*

Après mon évasion, les signes extérieurs de ma longue captivité étaient très visibles, mais personne ne savait si j'avais aussi des séquelles organiques. On allait vérifier tout cela à l'hôpital, de même que mon état psychique.

Pour des raisons de sécurité, je ne pouvais pas être admise dans un service normal, accessible à tous. Il a donc été décidé de me placer au service psychiatrique pour enfants et adolescents. Comme j'étais déjà majeure, j'ai dû me « faire interner » moi-même pour pouvoir être officiellement autorisée à rester à la clinique.

On m'a installée dans la section fermée du service, où les patients qui représentent un danger pour eux-mêmes ou pour les autres ne peuvent pas toujours ouvrir leur chambre de l'intérieur. En cas de besoin, la poignée peut être ôtée facilement. De plus, des agents de sécurité surveillaient nuit et jour l'entrée de ma chambre. De même que personne n'avait le droit d'entrer, je ne pouvais pas non plus sortir.

D'un côté, c'était une décision judicieuse car, dans cet espace protégé, j'ai pu me reprendre et revenir à moi, mais, de l'autre, ça semblait totalement absurde. À peine avais-je retrouvé la liberté que j'étais de nouveau enfermée. Et ce que j'avais souhaité plus que tout, surtout vers la fin de ma captivité, devenait impossible : je n'étais pas autonome, je ne pouvais rien faire librement. Le ravisseur, qui s'était vu lui-même comme le « maître » de ma vie, avait été remplacé d'une certaine manière par toute une équipe qui observait et déterminait le moindre de mes pas.

Qu'on ne se méprenne pas : si je fais cette comparaison, ce n'est bien entendu pas pour mettre en parallèle les méthodes ni les motifs, si opposés qu'on puisse leur être. Je relate seulement ce que cette situation a fait naître en moi sur le plan émotionnel. J'étais en quelque sorte redevenue un objet, même si en cet instant, ceux qui s'occupaient de moi n'en avaient sans doute pas entièrement conscience. Après tout, on ne s'inquiétait ici que de ma sécurité, de ma santé et de mon équilibre psychiques et physiques.

Peu après mon évasion, on a mis à ma disposition une cellule de soutien. Elle a d'abord été composée du professeur Ernst Berger de l'hôpital neurologique Rosenhügel, alors consultant des services psycho-sociaux de Vienne et, dans ce cadre, « chef de projet » local des soins psychiatriques aux enfants et adolescents, du professeur Max Friedrich, directeur du CHU de neuropsychiatrie pour enfants et adolescents, de Monika Pinterits, avocate pour enfants de la ville de Vienne, et d'Udo Jesionek, directeur de l'organisation d'aide aux victimes Weißer Ring.

C'est la seule décision que j'ai prise moi-même à l'époque, alors que j'étais encore au commissariat où on m'avait emmenée après mon évasion. Je connaissais cette organisation pour en avoir entendu parler pendant une émission de radio, écoutée au cachot, qui traitait de victimes de crimes violents. Je pensais que ces gens sauraient m'aider. C'est aussi au commissariat que j'ai rencontré pour la première fois le professeur Ernst Berger ; après ma première déposition, il a mené un entretien psychologique initial avec moi et m'a expliqué les mesures qui allaient suivre. C'est lui aussi qui m'a suggéré de m'installer temporairement à l'hôpital et m'a parlé de son ami Max, une sommité dans son domaine.

S'y sont adjoints un conseiller en communication et un avocat de la protection des enfants et adolescents de l'État de Vienne. Ce dernier m'a été présenté à la clinique ; il avait une personnalité agréable et discrète, et notre discussion m'a fait bonne impression. J'étais soulagée qu'un avocat spécialisé dans le droit des victimes me prenne en charge. Malheureusement, il a rejeté le mandat quatre jours plus tard, expliquant qu'il ne pourrait l'assumer seul et que je devais m'adresser à un cabinet plus important, ayant l'expérience de cas aussi complexes et aussi médiatisés.

Un des piliers de l'équipe se brisait ainsi à l'improviste ; un autre le suivrait en septembre. Le conseiller en communication qu'on m'avait attribué assumait la lourde tâche de traiter les nombreuses demandes des journaux et télévisions nationaux et internationaux. Il fallait assurer une couverture médiatique aussi sérieuse que possible, contrôler les informations, et surtout me protéger. Mais il s'agissait aussi d'un énorme marché.

Quand il est devenu évident que la pression publique ne diminuerait pas et que je devais m'exprimer sous une forme quelconque, on a établi une stratégie de presse prévoyant une interview télévisée et deux entretiens avec la presse écrite. Une fois que j'ai eu plus ou moins surmonté tout cela, mon conseiller est venu à la clinique avec d'énormes bouquets de fleurs, un geste attentionné pour les infirmières et pour moi. Il est entré dans ma chambre, rayonnant, et s'est assis sur une des chaises.

Ce qui a suivi m'a laissée bouche bée : il jetait l'éponge. J'en suis tombée des nues. Dans les jours et les semaines qui ont suivi, personne ne m'a montré avec une honnêteté aussi brutale que la préservation de mes intérêts et ma protection en tant que victime n'étaient en rien une évidence. Ce cas extraordinaire opposait les intérêts divergents des nombreuses personnes impliquées. J'étais l'objet qui rendait tout cela possible. L'objet de l'analyse, de l'ambition, de la célébrité individuelle des uns et des autres, « l'oie d'or » qu'il fallait se dépêcher de plumer. En effet, comme l'a dit un attaché de presse à l'époque, un mois plus tard, le sujet serait mort du point de vue journalistique et aurait disparu des médias.

Le monde des Bons venait d'en prendre un coup. Cette manière de se concentrer sur les intérêts individuels m'a profondément perturbée. Je peux comprendre qu'on se soit senti dépassé par l'affaire, ou même par moi. C'était nouveau pour tout le monde, personne n'y était préparé. Mais être poussée de droite et de gauche, comme sur un échiquier, au fil de la partie et des intérêts des uns et des autres, a été une expérience précoce très triste ; je ne connaissais pas les règles de ce jeu, je ne pouvais pas les connaître. Au cachot, les règles et les rôles étaient clairement répartis. J'étais restée un pion jusqu'à finir par me rebeller contre cet état, comprendre ce qui était possible, et affirmer ma position, avec tout ce que cela impliquait d'humiliations et de punitions. Ici, je n'étais plus un pion dans l'univers malade de la tête du ravisseur, piégée dans ses fantasmes : j'étais entourée de gens qui auraient dû ne me vouloir que du bien. C'était certainement le cas de la plupart d'entre eux, mais je me suis sentie instrumentalisée, d'une tout autre manière, par certains d'eux. En effet, bien qu'ils aient tous été des spécialistes expérimentés et très en vue de leurs domaines respectifs, pour eux aussi, j'étais une sorte de sensation mondiale. Mon cas dépassait tout ce qu'on connaissait jusque-là et promettait d'attirer l'attention bien au-delà des frontières autrichiennes. Personne ne possédait le mode d'emploi de la « bonne » manière de se comporter avec quelqu'un comme moi, mais tout le monde s'intéressait à ce « cas », et certainement pas toujours par pur altruisme.

*

Après avoir passé des examens médicaux classiques, j'ai dû subir divers tests de QI et plusieurs scanners du cerveau. Les médecins semblaient à la recherche d'un signe particulier, d'une modification qui aurait expliqué comment j'avais pu survivre relativement indemne à la captivité, en tout cas au premier regard. On espérait sans doute découvrir, sur les images émises par les engins de radiographie, une zone portant un petit panneau « Centre de résilience exacerbée de Natascha Kampusch ». Les radios étaient tout à fait normales, ne présentaient rien d'extraordinaire.

Quelques jours seulement après mon évasion, un médecin m'a mis un document sous le nez : en le signant, j'accepterais de me tenir à disposition exclusive à des fins d'études, pour une période de dix ans. Une bête curieuse qu'on exposerait de par le monde, qu'on ferait passer d'un amphithéâtre à l'autre, et dont le comportement, la psyché et le corps seraient analysés et évalués par des experts devant leurs étudiants.

De fait, du point de vue des médecins, des psychiatres et des psychologues, je devais sûrement constituer un objet d'étude intéressant. Mais tout cela n'avait pas grand-chose à voir avec ma protection, qui était pourtant la raison d'être de cette cellule de soutien et de mon installation temporaire à l'hôpital général de Vienne. Je n'oublierai jamais ce jour où nous étions tous dans ma chambre, avec les deux avocats qui venaient de reprendre le mandat ; la discussion sur mon avenir est devenue si animée que ces messieurs ont failli en venir aux mains. Tout le monde me tiraillait dans tous les sens, comme pour me déchirer.

Au milieu de ce délire, les patients du service psychiatrique étaient encore les plus normaux. La plupart étaient plus jeunes que moi, souffraient d'anorexie ou de boulimie, ou s'infligeaient des lacérations ; la douleur extérieure les aidait à endormir la souffrance intérieure. J'ai participé à quelques séances de thérapie de groupe et ces jeunes m'ont simplement acceptée comme l'une d'entre eux, comme une jeune fille qui avait elle aussi son fardeau à porter. Personne ne m'a demandé de quoi ce fardeau était fait. Personne n'a cherché à disséquer ni à évaluer. Je pouvais m'asseoir avec eux, discuter de choses et d'autres, et profiter d'un peu de calme.

Je me souviens bien d'un jeune de seize ans dont j'ai fait la connaissance en attendant un examen. Il avait urgemment besoin d'un don d'organe, le temps jouait contre lui et il savait que, dans le pire des cas, il mourrait bientôt. Même si je ne l'ai connu que brièvement, cette rencontre est restée particulière pour moi. Elle m'a montré que ce qui compte n'est pas le temps que l'on passe avec quelqu'un, mais le fait même d'avoir connu cette personne. Ce jeune homme avait une immense empathie, une forte envie de vivre, une grande sincérité, et s'intéressait beaucoup aux autres. Même en proie à de terribles souffrances ou assommé par la morphine, il essayait de rester lui-même, de ne pas laisser trop de place aux émotions négatives. J'ignore si on me comprendra mais, d'une certaine façon, à cause de la nature extrême de son destin, il a été pour moi comme un miroir. Assis ensemble sans avoir besoin de parler, nous pouvions être nous-mêmes, tout simplement, alors que le reste du temps mon nouveau quotidien me faisait l'effet d'un immense tourbillon. Tout tournait autour de moi, j'arrivais à peine à respirer, et pas du tout à penser. Il m'est arrivé de souhaiter être un chat et pouvoir rester assise dans un fauteuil à fixer le vide, reprendre mes esprits, faire le plein d'énergie. Mais de calme, nulle trace.

Tout me stressait : la lumière crue, les bruits, les odeurs, tous les repas à prendre, tous ces gens. Tout le monde parlait en même temps, tout le monde voulait quelque chose, un entretien ici, un examen là. Pour les analyses, une infirmière m'accompagnait toujours dans les longs couloirs de l'hôpital, que je trouvais effrayants. Et la police m'interrogeait régulièrement, des heures durant, sur mon enlèvement, le ravisseur et ma captivité.

Les premiers détails avaient été rendus publics très tôt et, cette fois aussi, ma retraite fut rapidement découverte. On s'était mis d'accord sur un pseudonyme avec lequel les gens s'adresseraient à moi, y compris à l'hôpital. Toutefois, certaines infirmières ne s'y sont pas tenues ; l'une d'elles m'a lancé que je ne devais surtout pas me croire à part et que je ferais mieux de m'habituer tout de suite à la réalité.

Cette réalité, j'ai parfois voulu m'en détourner ; sa dureté me bouleversait, soit en me rejetant, soit en me dévorant entièrement. J'ai essayé de me faire toute petite, de tout supporter, et je me suis promis de m'éloigner dès que possible de cette forme d'ingérence.

Le pseudonyme n'était pas un caprice de ma part, mais une mesure de sécurité pure et simple. J'aurais préféré porter mon vrai nom, tant j'étais heureuse de l'avoir récupéré et même si je n'ai jamais vraiment aimé mon prénom, « Natascha ». J'ai aussi décidé de mon plein gré de ne pas changer d'identité dans le cadre d'un programme de protection des témoins, de ne pas me cacher ni d'aller m'installer à l'étranger. Une nouvelle identité et une nouvelle vie auraient aussi eu des conséquences sur tout mon entourage. Je voulais reprendre ma vie d'origine, repartir du même endroit, ne plus rien séparer. En captivité, la séparation et la dissimulation avaient fait partie de mon quotidien. Jusqu'à m'obliger à abandonner mon nom.

Un an après mon enlèvement, le ravisseur avait décidé : « Tu n'es plus Natascha. Tu m'appartiens, maintenant. Je t'ai créée. » Je n'étais plus rien, tout lien avec mon passé, avec ma première vie devait être anéanti. Pendant des mois, il m'avait seriné que plus personne ne me cherchait, que je ne manquais à personne. Selon lui, mes parents étaient heureux d'être enfin débarrassés de moi, sinon ils auraient payé la rançon, sinon la police m'aurait trouvée depuis longtemps. Afin de parfaire la coupure que ma famille avait accomplie de son côté depuis longtemps, je devais abandonner mon nom, le signe le plus visible de mon identité. Il a proposé Maria, parce que ses deux grands-mères s'appelaient ainsi. Quand j'ai naïvement répondu que j'étais d'accord, et même contente, parce que c'était mon deuxième prénom et que je l'avais toujours préféré à Natascha, il a aussitôt changé d'avis, m'accusant d'être une pauvre idiote, de ne pas comprendre où il voulait en venir. « Tu n'as plus de famille. Je suis ta famille. Je suis ton père, ta mère, ta grand-mère et tes sœurs. Je suis tout, maintenant. Tu n'as plus de passé. » Il m'a frappée à la tête et a sifflé entre ses dents que trouver un nouveau nom ne pouvait pas être si compliqué que ça.

Mon regard est alors tombé sur un calendrier, posé sur le petit bureau de mon cachot, qui recensait les saints de chaque jour. Je l'ai feuilleté fébrilement, m'attendant en permanence à prendre un autre coup. « Natascha, la forte, ou née à Noël », lisait-on au 1ᵉʳ décembre. Le 2 décembre, c'était la sainte Bibiana. Pendant les sept ans et demi de captivité qui ont suivi, j'ai été Bibiana, ou « Bibi ». Mais au fond de moi, je n'ai jamais abandonné mon identité comme le ravisseur l'avait espéré et exigé de moi.

Il était donc encore moins question que je l'abandonne une fois en liberté. On ne peut pas étiqueter ni ranger dans un tiroir ce qui m'est arrivé. Cette deuxième partie de ma vie m'appartenait aussi, je devais apprendre à faire avec et avoir la possibilité d'en parler ou de n'en rien dire, selon mes besoins. En tant que « Mme Meier de Linz », j'aurais peut-être pu m'épargner certaines épreuves, mais je n'aurais pas pu mener ma propre vie ; il m'aurait fallu endosser encore un autre rôle, comme si j'étais tombée dans un drôle de chaudron à maquillage puis dans une caisse de costumes, pour finir grimée et déguisée à en être méconnaissable.

J'ai oublié le pseudonyme et la petite histoire qu'on avait inventés pour moi à la clinique. Mais tous ne s'y sont pas tenus ; même l'« isolée » est devenue dans certaines sections une « libre », et tout l'hôpital a bientôt su qui était « interné » là. Quand je faisais quelques pas dans le couloir, j'avais parfois l'impression d'être au zoo. D'autres patients ou des visiteurs, à la porte du service, cherchaient à jeter un bref coup d'œil sur moi. Verre sécurisé – on peut regarder, prière de ne pas jeter de nourriture.

Les bruits de couloir n'ont pas mis longtemps à atteindre l'extérieur. Des photographes venaient se percher sur les arbres dans l'espoir de prendre la toute première photo de moi, des journalistes déguisés en aides-soignants tentaient de se glisser dans l'hôpital. Un journal a écrit que j'étais le « visage le plus recherché du monde », parce que personne ne l'avait jamais vu mais que chacun voulait savoir à quoi ressemblait « l'enfant de la cave ».

La tempête médiatique avait commencé le jour même de mon évasion. Le 23 août 2006, quelques journalistes apparemment branchés sur la fréquence radio de la police avaient entendu qu'une « jeune femme (potentiellement) perturbée » avait surgi au milieu de jardins ouvriers en prétendant avoir été enlevée des années auparavant. La centrale de police de St. Pölten, où l'appel d'urgence était arrivé vers 14 heures, avait envoyé par radio une voiture de patrouille de Gänserndorf à Strasshof pour établir son identité – la mienne.

Quelques heures plus tard, ma mère a reçu un appel d'une journaliste qui l'avait interviewée plusieurs fois au cours des années précédentes. Évidemment, elle ne l'aurait jamais appelée juste comme ça, pour papoter, mais uniquement parce qu'elle voulait quelque chose ou qu'un fait nouveau s'était produit. La journaliste a tourné autour du pot pendant un moment, ne voulant pas lui donner de faux espoirs, puis a fini par révéler que sa fille disparue, Natascha, se trouvait peut-être au commissariat de Deutsch-Wagram[1]. Un certain temps seulement après ce coup de fil, le commissariat central a contacté ma mère pour lui annoncer qu'on pensait « à 99 % » que ses longues années d'angoisse avaient pris fin.

En août 2006, ma mère passait quelques jours de vacances avec ma demi-sœur Sabina et mes neveux et nièces à Annaberg, non loin du lieu de pèlerinage

---

1. Banlieue de Vienne. *(N.d.T.)*

de Mariazell. Au cours des années précédentes, cette ferme était devenue une sorte de deuxième maison pour elle et les enfants. Tous les ans, elle avait allumé un cierge pour moi à la basilique, sauf cette fois-ci – en ce jour d'août, la grotte aux lumières était fermée pour rénovation. Étrange coïncidence.

Quand elle est sortie de la ferme, ma mère était attendue non seulement par une Volkswagen grise de la police qui devait la conduire jusqu'à moi, mais aussi par des équipes de cameramen et de journalistes d'une chaîne locale de l'ORF qui l'ont assaillie de questions auxquelles elle n'a pas pu répondre. Et tandis qu'au commissariat de Deutsch-Wagram, après avoir établi mon identité, on m'emmenait dans une autre pièce pour y prendre ma déposition, à l'extérieur, des hordes de journaleux se mettaient en position.

Des mois durant, pendant ma captivité, je m'étais imaginé ce à quoi pourrait ressembler ma fuite et ce qui adviendrait ensuite ; la police, au contraire, ne disposait d'aucune procédure officielle. Avec le recul, l'ambiance était étrange, mélange de joie, d'incrédulité et d'une étonnante naïveté. Je me souviens d'avoir plusieurs fois demandé qu'on me protège.

D'abord du ravisseur, dont personne ne connaissait le sort à cet instant. J'avais peur qu'il ne finisse malgré tout par me rattraper, qu'il n'exécute sa menace de tuer tout le monde si j'osais un jour m'évader. J'avais peur que, dans sa fureur ou son désespoir, il ne s'en prenne à mes parents ou à des personnes étrangères à mon histoire. Et j'avais peur qu'il ne réalise une autre de ses menaces : se donner la mort. La fuite, c'était la mort. Pour moi, pour tous ceux qui croiseraient mon chemin, pour lui. Au cours des dernières années, c'était devenu une sorte d'accord tacite entre nous : si je m'échappais, un seul de nous deux y survivrait. Donc, si j'avais vraiment gagné, si, dans ce commissariat, il ne pouvait plus m'atteindre, cela signifiait que tôt ou tard j'aurais la mort d'une personne sur la conscience.

Je sais que les déclarations que j'ai faites à ce propos dans le passé n'ont pas toujours été comprises. J'étais convaincue qu'on doit assumer la responsabilité de ses actes, voilà tout. Et par mon acte, j'ai mis le ravisseur dans une situation désespérée, qui ne pouvait mener qu'à une seule conclusion. J'avais un jour fait pour lui le calcul que, s'il me libérait et se livrait à la police, il sortirait de prison à soixante ans. Pourtant, se rendre coupable d'une séquestration de plus d'un mois est puni en Autriche d'un maximum de dix ans de réclusion, et non de vingt, comme je le croyais. Il avait répondu qu'il ne survivrait pas à la détention, à la saleté, aux germes et aux autres détenus, qui seraient sûrement violents et brutaux. Pour moi, sa réaction était insultante mais, d'après la vision décalée qu'il avait de lui-même et du monde, elle était tout à fait logique.

En plus du ravisseur, je voulais être un peu mise à l'abri du monde extérieur. Pas de la liberté, mais de ce à quoi elle serait liée. Au début de ma captivité, j'étais entièrement coupée du monde extérieur, j'évoluais dans un système clos. Peut-être devrais-je dire dans deux systèmes clos : le monde du ravisseur et mon imagination. Le reste du monde n'a pénétré dans cet isolement que plus tard, sous la forme de livres ou de cassettes de pièces radiophoniques pour enfants ; ensuite, j'ai été autorisée à écouter des stations de radio sélectionnées et à regarder certaines chaînes de télévision, ou des émissions que le ravisseur enregistrait. Au fil du temps, les médias étaient ainsi devenus ma fenêtre sur le monde. Et c'est à travers eux que le temps, dans le quotidien de mon cachot, était devenu mesurable pour moi.

Bien plus tard, quand il a été certain d'avoir suffisamment modelé « sa créature », il m'a de temps en temps autorisée à regarder aussi des émissions de téléréalité. Ces âneries, principalement diffusées sur des chaînes privées, représentaient pour Priklopil une vitrine du monde dégénéré des classes inférieures, celui du chômage, de l'alcoolisme et de la violence, sans aucun standing. Bien différent de celui de sa propre famille modèle, qui cachait ses problèmes manifestes derrière une façade bien lisse. En revanche, on a attribué ces caractéristiques à ma famille pendant des années : pas étonnant, avec un tel milieu, que la gamine « se soit enfuie ». Ces dénigrements ont atteint leur apogée avec la déclaration d'un ancien haut magistrat[1] :

---

1. En l'occurrence, l'ancien président de la Cour suprême ; « *Irritierende Aussagen von Ex-OGH-Präsident* », wiev1.orf.at/stories/476169.

il a déclaré un jour que j'avais pu être tentée d'accepter l'offre du ravisseur, offre qui représentait selon lui une « alternative de vie loin de ma famille, présentée de manière attrayante ».

J'aurais volontiers échangé ma place contre celle de ces gens qui, assis à leurs grands bureaux, dans leurs vastes appartements de maître, dégoisent sur ce « précariat » apparemment si terrible qu'on préfère se laisser enfermer dans un trou minuscule que de le subir. Les familles hors norme ne peuvent rien apporter de bon. Et les victimes hors norme, comme je l'étais et le suis toujours, ne peuvent que s'être mises dans une telle situation de leur plein gré, sans y avoir été forcées. Par exemple en planifiant elles-mêmes leur enlèvement, ou bien, une fois enlevées, en acceptant cette vie avec joie, comme une alternative.

Je me demande parfois selon quels critères réfléchissent les gens capables de déclarations aussi insensées. Quelle vision ont-ils du monde, des êtres humains, et donc d'eux-mêmes ? Sans doute une vision pleine de haine, de mépris et sans une once d'empathie ni de sens des réalités.

*

Après le succès des chaînes privées, les chaînes publiques et les journaux à sensation ont rapidement suivi pour satisfaire le voyeurisme du public. Dans ces émissions qui constituaient au cachot mon ouverture sur le monde, j'avais découvert ces mécanismes, la révélation de prétendus secrets et scandales, l'exagération de futilités transformées en grands événements.

La conclusion de mon enlèvement constituait bel et bien un événement, qu'il était inutile d'exagérer encore. Que j'aie survécu si longtemps, alors même que la police avait déclaré environ un mois après ma disparition qu'il fallait s'attendre au pire et qu'on retrouverait un jour mon cadavre, était déjà suffisant. Je pense que mes parents ont été les seuls à refuser d'accepter cette idée. Peut-être par peur, peut-être parce qu'ils croyaient obstinément, chacun à sa façon, que je reviendrais.

Quoi qu'il en soit, au commissariat Deutsch-Wagram, j'ai demandé plusieurs fois : « Ne dites rien à la presse pour l'instant, s'il vous plaît, laissez-moi le temps de digérer tout ça. » J'ignore si les policiers ont alors pensé que je me prenais trop au sérieux ou s'ils ont simplement sous-estimé la situation. « Allez, petite, arrête avec ça, aucun journaliste n'arrivera jusqu'ici ! » Comme si le commissariat se trouvait sur la planète Mars, que nous étions hors d'atteinte.

En fait, une foule faisait le siège du poste de police. Les journalistes se pressaient dans une véritable cohue pour obtenir les meilleures places. En jetant un coup d'œil par la fenêtre après ma première déposition, les policiers comprirent enfin que je ne pourrais pas rester là – mais où aller ? Après quelques coups de téléphone, il fut décidé de m'emmener dans un premier temps à l'ancienne centrale de police de Vienne. Il y avait là un accès par la cour, des couloirs et des salles qu'on pouvait verrouiller en cas de besoin, pas comme dans un commissariat classique qui devait continuer à fonctionner normalement. Restait toutefois à savoir comment me faire sortir. Ici, pas de porte dérobée, pas de ruelle à l'arrière du bâtiment pour rejoindre la ville.

La solution prit la forme d'une couverture bleue, qui servait d'habitude aux policiers de service de nuit. Cette couverture, c'était en quelque sorte une boucle qui se bouclait. Arrivé à la maison de ses parents, Heinestraße 60, à Strasshof, le ravisseur m'avait enveloppée d'une couverture bleue avant de m'extirper de son camion pour m'emmener dans le cachot. Durant les premières heures suivant mon enlèvement, sous terre, je n'ai eu que cette couverture. Pas de matelas, pas de lumière – je ne voyais rien, n'entendais que le bruissement de mon sang dans mes veines ; je percevais le confinement, le froid, le sol nu. Ça sentait le renfermé ; l'air vicié, humide et lourd, se posait sur moi comme une pellicule et me donnait la nausée. J'étais terrifiée, et j'ai mis une éternité à oser me défaire de la couverture. Je me suis ensuite recroquevillée dessus, en larmes, ayant perdu depuis longtemps toute notion du temps. Pourtant, j'avais fait énormément d'efforts, me répétant sans cesse : concentre-toi, compte, tu dois compter, essayer de noter le temps qui passe sur tes doigts et dans ta mémoire. Une tentative de structurer l'éternité.

Qu'est-ce que le temps ? Qu'est-ce que le temps en captivité ? Dure-t-elle quelques heures, une journée, une semaine, un mois, un an ? Je crois que si j'avais su qu'elle durerait 3 096 jours, je serais devenue folle. Si j'avais su avec quel soin mon ravisseur avait camouflé et consolidé la cachette, j'aurais peut-être abandonné plus tôt au lieu de tenir le coup jusqu'au bout. La peur de ce qui arriverait si, un jour, il ne descendait pas, la peur de mourir de faim, de soif, de risquer de n'être retrouvée que des dizaines d'années plus tard, par hasard, sous forme de cadavre momifié, cette peur-là, je ne l'ai ressentie ni le premier, ni le deuxième, ni le troisième jour. À ce moment-là, j'avais encore l'espoir qu'il se ferait une raison, que je serais libérée par le paiement d'une rançon ou grâce à une héroïque intervention policière. Par la suite, la peur est devenue une compagne de tous les instants. Mais la première nuit, je n'avais aucune idée de tout cela. Je n'avais que cette couverture bleue, qui me procurait un peu de chaleur et de protection.

À présent, il me fallait une couverture pour pouvoir franchir les quelques pas séparant la sortie du commissariat de la voiture, entourée de deux policiers. Quand nous sommes apparus sur le seuil, les appareils photo se sont mis à cliqueter, des gens se sont exclamés « Une photo ! », « Une petite interview ! », et tout le monde criait mon prénom,

que je n'avais plus entendu depuis si longtemps.
« Natascha ! Natascha ! »

La voiture m'a emmenée à Vienne. Le crépitement et les éclairs des flashs m'ont poursuivie pendant des jours. Une nuit, pendant ma première semaine à l'hôpital, de violents éclairs de chaleur ont éclaté, illuminant ma chambre. Je n'ai pas osé ouvrir les yeux, certaine que les photographes encerclaient mon lit, le doigt sur le déclencheur.

Quand la voiture est arrivée à l'ancienne centrale, les journalistes étaient déjà rassemblés devant l'entrée principale. Cette étape-là aussi avait donc filtré, on ne sait comment ; toutefois, nous avons rejoint la porte de derrière sans qu'aucune autre photo de moi puisse être prise.

Seul un ouvrier, à l'hôpital, y est parvenu. Une photo de téléphone portable, un instantané pris entre une tasse de café et une assiette de biscuits. J'étais brièvement descendue à la cafétéria avec l'assistant social qu'on m'avait attribué quelques jours plus tôt. Par chance, l'image est complètement floue, on ne m'y reconnaît pas, mais elle a malgré tout été imprimée. De même, une semaine après ma fuite, un entretien « avec moi » a paru dans un magazine autrichien auquel je n'avais jamais fait aucune déclaration. Il était orné d'un portrait inspiré par la photo informatique réalisée pour mon avis de recherche : les données de la photo originale avaient été mêlées à des clichés de mes parents jeunes pour obtenir une idée de l'apparence que je pouvais avoir désormais.

L'article de trente pages comportait aussi des schémas du cachot, relatait le quotidien dans la « maison de l'horreur » et la vie de « M. Étrange ». Le tout était étayé de prétendues citations : je n'avais jamais prononcé certaines d'entre elles, les autres étaient tirées de ma première déposition et des déclarations que j'avais faites au psychologue de la police. Une jeune policière, la première à qui j'avais raconté mon histoire dans ses grandes lignes, avait succombé à la pression au bout d'à peine quelques heures. Non préparée au contact avec les médias, relativement nouvelle à son poste, elle n'avait elle non plus bénéficié d'aucune protection.

Plus tard, un spécialiste des médias a dit que mon « cas » avait été le premier pour lequel les médias autrichiens et allemands, jusque-là relativement réservés, s'étaient déchaînés. La justesse de son analyse, ajoutée au fait qu'on puisse sans hésitation y intégrer les politiciens, la justice et certains enquêteurs autoproclamés, ne se vérifierait que plus tard.

Les policiers qui avaient établi mon identité ont eux-mêmes été lourdement harcelés. Des sommes folles ont été proposées en échange d'une photo prise au commissariat. Toute personne ayant été en contact avec moi à l'hôpital ou ailleurs, ou ayant un quelconque rapport avec moi, et notamment mes parents et ma famille, a été littéralement assiégée. Un soir, devant la clinique, un collaborateur des services psychosociaux a été abordé par un journaliste avec ces mots : « Photo ? 70 000 en liquide. » Il a refusé.

Bien qu'ils aient tous fait leur possible pour tenir à distance le délire extérieur, j'en ai malgré tout subi plus que mon compte. Tous ceux qui pensent que j'ai décidé de franchir le pas de l'apparition en public de mon plein gré, voire par « avidité médiatique », comme on me l'a régulièrement reproché par la suite, doivent savoir que la situation de l'époque ne laissait que peu de marge de manœuvre. La « chasse » dont je faisais l'objet n'était pas supportable à long terme, ni pour moi-même, ni pour ma famille, ni pour les personnes qui s'occupaient de moi, ni pour les enquêteurs. Les conjectures les plus hasardeuses sur les conditions de mon enlèvement et de ma captivité étaient déjà présentées comme des faits, et tous subissaient une énorme pression.

De plus, durant mes premiers jours à l'hôpital, j'ai été régulièrement interrogée. De manière répétée, j'ai été obligée de refaire face émotionnellement à ce qui m'était arrivé – et, en parallèle, à ce qui m'attendait. Avec le juriste envoyé par le service de la magistrature consacré aux adolescents, nous avons parlé de protection de la personnalité, du contact avec les médias, de mon avenir. Après qu'il eut jeté l'éponge, ces entretiens se sont poursuivis avec deux avocats d'un cabinet jouissant d'une grande expérience avec les médias, notamment en matière de protection des victimes.

Une fois ce cabinet engagé, je me suis retrouvée prise entre deux feux. D'un côté, les médecins qui me voyaient comme la victime, la patiente, ou même l'objet de recherche, et qui dans ce cadre souhaitaient un jour ou l'autre rendre mon cas public ; de l'autre, ceux qui devaient établir une stratégie destinée à me tenir éloignée de ce même public aussi longtemps que possible. Certains médecins considéraient même les avocats comme faisant partie du public, puisqu'ils venaient de l'extérieur. Le simple fait qu'ils soient en contact avec moi pour m'évaluer et développer une stratégie a déclenché des débats enflammés. Il n'était pas question de troubler le quotidien de la clinique, ce qui était compréhensible, et tout stress supplémentaire devait m'être évité, ce qui semblait tout aussi logique – mais c'était aussi, un peu, la quadrature du cercle.

Lors de ma première rencontre avec mes nouveaux avocats, dans ma chambre, une psychologue est entrée au bout de quelques minutes ; les avocats, croyant d'abord qu'elle voulait juste poser une question, ont interrompu l'entretien. Mais elle a pris une chaise et s'est assise, affirmant qu'elle devait savoir ce qui se disait ici, que j'étais traumatisée, et qu'il convenait de me traiter avec toutes les précautions requises. C'était sans doute vrai, mais nous devions aussi avancer. Et, bien sûr, certains domaines sont soumis à la confidentialité. Un de mes avocats lui a fait la leçon, lui expliquant que cette confidentialité était même respectée dans les prisons de haute sécurité, où sont enfermés les pires criminels. Moi, j'étais ici de mon plein gré et, de plus, nous avions tous le même but et faisions tous partie de la même équipe, chargée de s'assurer que je ne subirais pas encore plus de dommages. La psychologue a fini par quitter la pièce, mais la mésentente entre les deux parties a subsisté. Tout le monde s'observait d'un œil méfiant, et moi, j'étais au milieu.

C'était aussi le cas de mes parents, qui ne comprenaient pas qu'on les tienne aussi éloignés de moi que possible afin de ne pas me bouleverser davantage. Ma mère s'était vite attiré la fureur des professeurs en se plaignant qu'on lui ait enlevé son enfant une seconde fois. Juste après nos brèves retrouvailles au commissariat central, j'avais été mise sous ce qu'on appelle la « détention protectrice » et emmenée au Burgenland[1]. On ignorait alors encore ce qu'il était advenu du ravisseur. Pour me protéger, on m'a transférée dans un hôtel à l'accès strictement contrôlé, en compagnie d'une psychologue de la police. Quand nous y sommes arrivées, après un long trajet en voiture, j'étais encore surexcitée et très tendue. Je me demandais où en était la recherche du ravisseur, et si on l'avait attrapé vivant. Mes questions sur le sujet n'obtenaient que des réponses évasives.

La psychologue m'a parlé pendant tout le trajet de ses vacances en Grèce et en Italie, sans doute dans l'espoir de me changer les idées. À l'hôtel, où nous

---

1. Région de l'est de l'Autriche. *(N.d.T.)*

avons partagé non seulement la même chambre, mais aussi un lit double, elle n'a pas non plus cessé de parler. Je me suis imaginé plusieurs fois qu'elle avait un bouton « off » quelque part, grâce auquel je pourrais mettre fin à ce flot de paroles. Je voulais reprendre mes esprits, trouver un peu de calme, et surtout allumer la radio pour enfin en apprendre davantage sur le sort du ravisseur. Mais elle me répétait que ce n'était pas bon pour moi, que j'avais besoin de recul. Pourtant, à ce moment-là, le meilleur moyen pour moi d'obtenir ce recul aurait été de savoir que c'était vraiment fini, d'une manière ou d'une autre.

Au lieu de cela, elle a insisté pour que je mange quelque chose. Un collègue nous a apporté un sac en papier contenant des hamburgers et des frites de McDonald's. Rien que l'odeur de la graisse m'a mise mal à l'aise. J'ai repoussé le tout après quelques bouchées et ai demandé une infusion de camomille, bien meilleure pour mon estomac.

Quand la psychologue a eu fini de manger, je lui ai demandé la permission de prendre mon premier bain sans surveillance depuis des années. À peine m'étais-je assise dans la baignoire qu'elle a frappé à la porte pour savoir si tout allait bien. Oui, oui. Pas même cinq minutes plus tard, elle a de nouveau frappé pour savoir quand j'aurais fini, et si tout allait vraiment bien. Quand elle a frappé pour la troisième fois, je lui ai dit que je n'étais pas en train de me suicider, mais seulement de prendre un bain.

Aucune de nous n'a fermé l'œil de la nuit. Elle parce qu'elle voulait me surveiller, moi parce que cette proximité avec une inconnue m'était désagréable. Aujourd'hui, l'absurdité de cette situation me fait rire, mais, à l'époque, je n'arrivais qu'à gamberger.

Le lendemain matin, pendant le trajet de retour à Vienne, on m'a annoncé que le ravisseur s'était donné la mort. J'ai passé un nouvel interrogatoire, puis on m'a emmenée à l'hôpital. Ma mère ne l'a appris que deux jours plus tard, après de nombreux coups de fil. On lui a dit que sa fille était traumatisée et subissait des examens menés par des spécialistes de haut rang, coupée du reste du monde. Ces messieurs eux-mêmes, qui, du point de vue de ma mère, n'avaient guère que froideur clinique et questionnaires médicaux à offrir, au lieu des émotions d'une mère, apparaissaient en permanence sur les écrans de télévision. Tous avaient quelque chose à dire, même si rien ne devait être révélé. Lorsque ma mère a exprimé ce que provoquait en elle cet éloignement forcé, elle a reçu un appel de la clinique ; on exigeait qu'elle s'abstienne à l'avenir de ce genre d'interventions.

*

À partir de là, les interrogatoires de la police se sont déroulés dans une petite pièce du sous-sol de la clinique. Béton gris, quelques tables et chaises, lumière artificielle. C'est aussi dans cette pièce qu'avaient désormais lieu les entretiens avec mes avocats, interdits de séjour au service de soins – soit à la suite de l'incident avec la psychologue « curieuse », soit pour ne pas trop influencer le quotidien de la clinique. Comme toujours, les médias constituaient le sujet principal. J'avais demandé aux avocats de m'apporter des textes sur les lois de la presse et des médias, mais j'étais si exténuée que j'avais du mal à me concentrer. La lumière me faisait mal aux yeux, la tête me tournait, tout cela était trop pour moi.

On m'a informée avec prudence que « le monde entier » voulait me parler. Pendant un entretien avec moi qui avait duré à peine une heure, un de mes avocats avait reçu cinquante-cinq messages sur sa boîte vocale et par e-mail, de Russie, du Brésil, de Nouvelle-Zélande. La pression était énorme, et tous ceux qui avaient un quelconque rapport avec moi étaient examinés à la loupe par l'opinion publique internationale. Les spéculations sur ma captivité devenaient délirantes. Cinq jours après mon évasion, le 28 août 2006, pendant une conférence de presse, le professeur Friedrich a lu une lettre censée répondre aux questions les plus pressantes tout en demandant un peu de retenue :

Chers journalistes et reporters,
Chère opinion publique internationale,

Je suis consciente de la forte impression que les événements de ces derniers jours ont dû avoir sur vous. Je m'imagine bien à quel point l'idée qu'une telle chose soit possible est choquante et effrayante. Et je sais aussi que vous ressentez une certaine curiosité à mon égard et aimeriez connaître davantage de détails sur les conditions dans lesquelles j'ai vécu. Je souhaite toutefois vous informer dès à présent que je ne veux répondre à aucune question sur des détails intimes ou personnels, que je n'y répondrai pas. Dans le cas où des limites personnelles seraient franchies, je demanderai que ceux ou celles dépassant ces limites de manière voyeuriste soient punis, qui qu'ils soient. Quiconque tentera de le faire devra s'attendre à des sanctions. Je suis aujourd'hui une jeune femme intéressée par l'éducation et les besoins humains.

L'espace de vie : ma chambre était suffisamment aménagée. C'était ma chambre. Pas destinée à être exposée au public.

Le quotidien : il était régulier, le plus souvent avec un petit déjeuner pris ensemble (en général, il ne travaillait pas), ménage, lecture, télévision, discussion, cuisine. Pendant des années. Le tout mêlé de peur et de solitude.

La relation : il n'était pas mon maître. J'étais aussi forte que lui, même si, d'un point de vue symbolique, il m'a mise sur un piédestal tout en me foulant aux pieds. Mais il aurait dû s'attaquer à quelqu'un d'autre – lui et moi le savait (sic !).

Il a fait l'enlèvement tout seul, tout était préparé. Il a ensuite aménagé la pièce avec moi, le plafond n'était pas à seulement (?) 1,60 mètre de hauteur. Par ailleurs, je n'ai pas pleuré après ma fuite. Je n'avais pas de raison d'être triste. À mes yeux, sa mort n'aurait pas été nécessaire. Ça aurait sans doute été une punition, mais pas la fin du monde. Il faisait partie de ma vie et je porte donc son deuil, en quelque sorte. Évidemment, ma jeunesse a été différente de celle de bien des autres, mais sur le fond je n'ai pas l'impression d'avoir manqué quoi que ce soit. Je me suis épargné bien des choses, n'ai pas commencé à fumer ni à boire d'alcool, je n'ai pas de mauvaises fréquentations.

Message aux médias : tout ce que la presse devrait m'épargner, ce sont les éternels dénigrements de ma personne, les fausses interprétations, le pédantisme et le manque de respect.

En ce moment, je me sens bien à l'endroit où je me trouve, peut-être un peu trop couvée, trop mise sous tutelle. Mais j'ai décidé moi-même de n'avoir avec ma famille que des contacts téléphoniques. Je déciderai moi-même du moment où je prendrai contact avec les journalistes.

Ma fuite : je nettoyais la voiture dans le jardin et devais passer l'aspirateur, il s'est éloigné à cause du bruit de l'aspirateur. C'était ma chance, j'ai laissé l'aspirateur allumé.

Au fait, je ne l'ai jamais appelé « maître », bien qu'il l'ait voulu. Je pense qu'il voulait être appelé ainsi mais n'était pas non plus vraiment sérieux.

J'ai un avocat-conseil qui règle avec moi les questions juridiques. Maître Pinterits, avocate pour enfants, est ma confidente, et je discute bien avec le docteur Friedrich et le docteur Berger. L'équipe de

M. Frühstück[1] a été très aimable avec moi. Je leur passe un grand bonjour, même s'ils étaient tout de même un peu curieux. Enfin, c'est leur métier.

Questions intimes : tout le monde veut toujours me poser des questions intimes, qui ne regardent personne. Peut-être que je raconterai ça un jour à ma thérapeute ou à quelqu'un d'autre si j'en ressens le besoin, peut-être que je ne le raconterai jamais. L'intimité n'appartient qu'à moi.

M. H[2]. – c'est mon message – n'a pas à se sentir coupable. Il n'y peut rien, Wolfgang a décidé tout seul de se jeter sous le train. J'éprouve de la compassion pour la mère de Wolfgang. Je peux me mettre à sa place et imaginer ce qu'elle ressent en ce moment. Moi, et nous deux, nous pensons à lui.

Je voudrais aussi remercier tous ceux qui se sentent tellement touchés par mon sort. S'il vous plaît, laissez-moi encore un peu de calme. Le docteur Friedrich va l'expliquer avec cette déclaration. Il y a beaucoup de monde qui s'occupe de moi. Laissez-moi le temps de réussir à raconter moi-même.

Natascha Kampusch

Il y a eu beaucoup de spéculations sur cette lettre. Le professeur s'est présenté aux médias avec une

---

1. Johann Frühstück était alors l'inspecteur principal.
2. Ami de Wolfgang Priklopil qui a pris le ravisseur en voiture peu avant le suicide de celui-ci et s'est par la suite retrouvé dans la ligne de mire des enquêteurs.

liasse de feuilles manuscrites. Les appareils photo ont cliqueté, les caméras ont tourné. Après la conférence de presse, des graphologues ont établi en zoomant sur des extraits de film et des photos qu'il ne pouvait pas s'agir de l'écriture d'une jeune femme. On a aussi vu sur le manuscrit des ratures et des passages biffés. Il est vrai que les lignes lues par le professeur n'étaient pas écrites de ma main, mais de la sienne ; il est vrai aussi que j'avais ressenti le besoin de rédiger cet appel au public. Je m'étais assise à l'ordinateur de la salle des infirmières pour écrire quelques lignes. Il est vrai, enfin, que de nombreuses déclarations apparaissant dans cette « lettre à l'opinion publique internationale » sont issues de mes réflexions, mais aussi des entretiens que le professeur a menés avec moi.

Malgré l'urgence imposée par la conférence de presse imminente, Friedrich avait pris le temps de recopier mes lignes à la main en mettant « son grain de sel[1] » ici et là, comme il l'a plus tard avoué aux médias, contraint et forcé.

La hargne dont il a fait l'objet par la suite n'était bien sûr pas juste, mais son acte, tout comme la manière dont il a employé des phrases que j'avais moi-même écrites ou que je lui avais confiées, ne l'étaient pas non plus. Le plus dur pour moi, ensuite, est venu des attentes provoquées par cette lettre : je n'aurais jamais pu les satisfaire. Ce texte me prêtait

---

1. http://www.sueddeutsche.de/panorama/betreuung-von-natascha-kampusch-schwieriger-auftrag-1.859314.

souveraineté, capacité de réflexion et sérénité ; je les possède bel et bien, d'une certaine manière. Je réfléchis clairement et de manière analytique, toujours consciente de la situation extérieure et de la mienne, parce que sans ces aptitudes je n'aurais jamais survécu. Je suis capable de nuances, parce que si je n'avais pas su discerner ce camaïeu de gris, j'aurais succombé au désespoir provoqué par ma haine et ma colère contre le ravisseur. Mais bien sûr, je vis entre les deux pôles que sont la force et la faiblesse d'une victime. Ces pôles sont extrêmes.

J'étais donc tout cela sans pourtant l'être, parce que mon expérience récente me mettait dans une position de force, de survie, et parce qu'une victime ne se qualifierait jamais elle-même de victime : cela accorderait après coup au ravisseur un pouvoir, une légitimation ultérieure de sa position.

Pourtant, j'étais une jeune femme fragile, une petite fille qui avait connu l'enfer. Il m'a fallu du temps pour accepter ce point de vue sur moi-même. Aujourd'hui, je suis capable de le montrer dans un cercle restreint ; dans un espace protégé, je peux aussi parler de ce côté obscur, douloureux, parler de la manière d'affronter mes souvenirs sans qu'ils me pèsent et me blessent en permanence. Pourtant, aujourd'hui non plus, on ne me verra jamais, ou que très rarement, pleurer ou fondre en larmes en public. Je fais cela en privé. Ça ne signifie pas que de tels moments n'existent pas. Jusqu'à ce jour, j'ai du mal à définir l'horreur pour moi-même. Je ne prétends pas que personne ne me comprendrait si je parlais ouvertement de mes sentiments, mais il est des choses pour lesquelles il n'existe pas de mot, pas de définition. De plus, je ne veux imposer à personne ce qu'il ou elle serait peut-être incapable de supporter. Cela peut paraître étrange, mais pour moi, c'est aussi lié au respect des autres et à la dignité.

« Mademoiselle Kampusch, comment allez-vous ? »

L'interview

> *Le crime commis contre moi, quelles qu'aient été ses raisons, a été commis contre de nombreuses personnes. Il a infligé un traumatisme à toute une société, l'a déséquilibrée. Parce que le Mal est bel et bien apparu sous les traits de M. Tout-le-Monde.*

Avec cette lettre ouverte a été posée la première pierre d'une image de moi qu'on me reproche encore aujourd'hui. Ce qu'on avait d'abord interprété comme une étonnante force de caractère, qui entraînait plutôt le respect et une forme d'admiration à mon égard, a fini par basculer. On s'était attendu à une sorte de Kaspar Hauser, à quelqu'un qui diviserait le monde en noir et en blanc, en Bien et en Mal, ou qui aurait du mal à s'exprimer, tout comme on a plus tard supposé que les enfants d'Amstetten[1] ne communiquaient que par des bruits de gorge et des sifflements. Un être humain brisé par ce qu'on lui avait infligé. Brisée, je l'étais, évidemment. Mais pendant toutes ces années en captivité, je n'ai jamais complètement cédé. Sinon, je n'aurais pas survécu. J'ai conclu un pacte avec mon moi plus âgé, qui m'aiderait un jour à me libérer.

Le plus triste est bien qu'on m'ait critiquée à cause de cette « force », réelle ou apparente, qu'on ait vu dans mon attitude réservée l'idée que je « cachais quelque chose » sans se donner la peine de percevoir les nuances, de comprendre ce que cela signifiait. Au contraire, je me trouvais de plus en plus souvent confrontée à des phrases du genre « Si elle parle comme ça, si elle voit les choses de manière si nuancée, c'est qu'elle n'a pas assez souffert ».

C'est cette lettre, rédigée avec les meilleures intentions et qui, à ce moment précis, était juste et importante pour moi à de nombreux points de vue, c'est cette lettre qui a posé la première pierre de cette vision des choses.

Quant au « premier étage », pour filer la métaphore, c'est moi qui l'ai bâti quelques jours plus tard. La lettre ouverte n'avait pas eu l'effet escompté sur l'opinion publique, à savoir le retour d'un semblant de calme, mais le résultat inverse. Je voulais qu'on patiente jusqu'à ce que je sois capable de m'expliquer

---

1. Ville où s'est déroulée l'affaire Fritzl. *(N.d.T.)*

moi-même, plus en détail, mais ma prière n'a pas été entendue. Ce que j'avais brièvement révélé de mon quotidien en captivité, et surtout ce que je ne pensais pas (encore) dévoiler publiquement, ne fit qu'enflammer davantage la curiosité. Les médias m'assaillaient d'offres, chacun voulait être le premier. C'est seulement d'un journal américain qu'est venue une demande étrangement réservée : « D'accord, une gamine a été retenue prisonnière par un fou pendant huit ans et demi, et tout le monde veut lui parler. Mais pourriez-vous m'expliquer encore une fois exactement *what is the story* ? »

C'était ça, le sujet d'article, la *story*, dans les grandes lignes. Rétrospectivement, cette demande d'outre-Atlantique était révélatrice : ça ne suffirait pas. L'histoire allait se détacher de moi ; les vides que l'opinion publique pensait avoir le droit de remplir devaient être comblés, et si je n'étais pas prête à le faire moi-même, d'autres s'en chargeraient à ma place. Leurs fantasmes et leurs versions de ce qui s'était passé au cours des années écoulées deviendraient alors ceux dont on se souviendrait. Comme si les événements réels ne suffisaient pas en eux-mêmes, comme si on devait en rajouter pour tout rendre encore plus sordide, plus cruel, plus écœurant.

C'est là cette forme de surenchère dans le mal que j'ai décrite au début du livre, celle qui facilite en apparence le rejet d'un tel crime. Dès l'instant où ce crime outrepasse toutes les échelles de valeur, toutes les normes, personne n'a plus besoin de mettre en doute ni de contrôler ses propres valeurs, ses propres normes.

Il m'a fallu un certain temps pour comprendre ces mécanismes. Je ne disposais pas de cette distance artificielle avec le crime ; pour moi, il n'était pas la représentation abstraite d'une cruauté dépassant l'imagination, il était ma vie quotidienne. Je n'ai pas compris d'où venait cette soif de révélations supplémentaires. Bien vite, il ne s'est plus agi d'élucidation ni de faits concrets, mais de tirages toujours plus élevés entraînés par de nouvelles spéculations, par des gros titres toujours plus choquants. Il est triste de voir, aujourd'hui encore, certains médias aller si loin, ignorer consciemment les conséquences de leurs actes, voire les exploiter pour leur « une » suivante. Ils sonnent la curée puis font hypocritement la morale : laissez donc cette jeune fille enfin en paix, elle n'ose même plus sortir de chez elle, pauvre petite chose.

Rétrospectivement, je me suis très souvent demandé si cette manière de rendre les choses publiques avait été judicieuse. Je n'ai eu aucune influence sur ce qui a filtré ou été révélé intentionnellement. Je ne regrette pas d'être apparue moi-même face aux caméras ou aux micros, même si je n'ai pas vraiment pu déterminer le moment où je l'ai fait. J'avais voulu la liberté, et celle de m'exprimer en fait partie, même s'il s'est ensuite produit exactement ce que j'avais ainsi voulu éviter.

Tout ce qui n'a pas été abordé dans ces trois premières interviews, parce que je n'étais pas encore en mesure d'en parler ou parce que je ne le voulais pas, a été utilisé contre moi par la suite. Comme si j'avais consciemment cherché à dissimuler quelque chose – soit pour ne pas devoir révéler l'horreur tout entière, soit pour masquer le fait que tout cela n'avait, finalement, pas été si terrible.

En franchissant ce pas vers le public, j'ai en quelque sorte perdu mon histoire. D'autres se la sont appropriées, l'ont interprétée, déformée, puis m'ont interprétée, moi, m'ont jugée, et ont mesuré mon comportement à l'aune de leurs propres attentes. On ne pouvait pas me laisser telle que j'étais, et pas non plus laisser mon expérience, mon vécu, tels qu'ils étaient. Je me retrouvais de nouveau transformée en objet, en surface de projection pour les pensées et l'imagination d'autrui. C'est exactement ce que j'avais été pendant ma captivité : une sorte de pâte à modeler que le ravisseur prétendait pouvoir malaxer à sa guise, en jouant un peu à Dieu. Dehors, je redevenais cette pâte à modeler.

Je ne voulais pas être de nouveau forcée de correspondre à quelque chose, de répondre à des attentes ; je voulais simplement être. La liberté, pour moi, implique d'avoir le droit d'être là où je le veux, de dire ce que je veux, et de ne pas parler de ce que je souhaite garder pour moi. Mais, apparemment, certaines personnes ont un problème avec cette compréhension du mot.

D'abord, je suis devenue d'un seul coup la petite victime de la nation, celle qu'on voulait aider, qu'on devait aider. C'était une sorte de siège. Autour de moi, la famille, les conseillers, les avocats et les psychiatres. Des soignants qui vérifiaient quand je dormais et ce que je mangeais, qui me proposaient des cachets destinés à me faire enfin retrouver un rythme jour-nuit normal. Des médecins qui voulaient déterminer les questions que les enquêteurs seraient autorisés à me poser, les visites que j'aurais le droit de recevoir à tel ou tel moment. Devant la clinique, les paparazzis, et dans les kiosques, les journaux à scandale et leurs gros titres, certains bien intentionnés, inquiets, d'autres racoleurs, spéculant sur des détails intimes.

*

Suite à la conférence de presse, la pression a encore augmenté et ma cellule de soutien a donc décidé que je devais m'adresser le plus vite possible à l'opinion publique par le biais d'une ou de plusieurs interviews. Les interlocuteurs en question ont notamment été sélectionnés « selon des critères médicaux ». Comprendre : on a choisi ceux dont on pouvait attendre un certain sérieux en matière de protection personnelle et de respect de la victime, afin d'éviter une retraumatisation. Trois interviews ont été organisées : une avec le plus grand quotidien d'Autriche,

« *Mademoiselle Kampusch, comment allez-vous ?* » 69

le *Krone*, une avec le magazine *News*, et une pour la télévision avec l'ORF.

D'innombrables demandes étaient venues d'Allemagne, principalement de chaînes privées. Dans la presse, on racontait que certains iraient jusqu'à payer 1 million d'euros pour obtenir une interview télévisée exclusive. J'ignore si ces chiffres sont exacts, car cela ne jouait finalement aucun rôle pour moi. Je souhaitais disposer d'un cadre dans lequel je me sentirais aussi à l'aise que possible. Je voulais qu'on me prenne au sérieux et qu'on me traite avec respect, et non devenir le garant d'une bonne audience, casée entre un reportage sur la chirurgie esthétique et un autre sur les fêtes orgiaques des plages de Majorque.

Pour l'interview de l'ORF, une salle de l'hôpital de Vienne a été changée en un studio confortable, pour que les téléspectateurs ne remarquent pas au premier coup d'œil que j'étais hébergée dans un hôpital. La chaîne a envoyé une trentaine de personnes, c'est devenu toute une affaire. Des femmes maniaient les caméras, tout était baigné d'une lumière douce, et la pièce par ailleurs plutôt sobre avait été décorée d'une moquette bleu-gris, d'une armoire couleur crème et de quelques plantes vertes. Une atmosphère de salle de séjour : deux fauteuils de cuir clair, chacun flanqué d'une petite table avec une lampe et des livres. Une pile de coussins colorés s'élevait près de mon siège. C'était tout ce que j'avais demandé, en plus d'un paquet de Kleenex : les mouchoirs au cas où je pleurerais, et un coussin au cas où j'aurais besoin de me cramponner à quelque chose. Je n'ai eu besoin ni de l'un ni de l'autre, mais un des coussins m'a tellement plu qu'on me l'a offert en souvenir après l'enregistrement.

Dans les heures précédant l'interview, nous étions tous très tendus. Nous avions brièvement répété pendant l'après-midi la situation de l'entretien, « pour que vous ne soyez pas effrayée par tout ce qui va se passer », comme l'a dit un des membres de ma cellule de soutien. Puis on m'a maquillée dans ma chambre, « le plus décemment possible », selon les instructions des médecins.

Ensuite, je suis descendue dans le « studio de la clinique ». Dans le couloir, j'ai fait la connaissance de Christoph Feurstein, qui allait mener l'interview. Au cours des huit ans et demi qu'avait duré ma disparition, il avait régulièrement évoqué mon cas à l'antenne. Aller frapper à la porte de gens qui pleurent la perte ou la disparition d'un proche pour leur demander un entretien n'est sans doute pas la tâche préférée d'un journaliste. Il avait rendu visite à ma mère pour la première fois deux jours après mon enlèvement, dans l'appartement du Rennbahnweg. Ensuite, chaque année, lui et sa rédaction avaient évoqué l'affaire au jour anniversaire de ma disparition, le 2 mars. Ils en avaient aussi parlé à chaque prétendu nouveau développement, à chaque nouvelle impasse où atterrissaient les enquêteurs, ou chaque fois que quelqu'un affirmait m'avoir vue ou se trouver en possession de matériel « révélateur ».

Des années plus tard, Christoph Feurstein m'a raconté qu'on lui avait à l'époque tout simplement « refilé » le cas parce qu'il était le plus jeune membre de la rédaction de « Thema[1] » ; on l'avait envoyé questionner ma mère sur ses sentiments et ses angoisses, quelques heures puis quelques jours après ma disparition. De plus, on considérait qu'il avait l'art et la manière d'aborder les « thèmes difficiles », du fait d'autres reportages qu'il avait réalisés. Il m'a expliqué n'avoir accompagné aucune autre famille pendant si longtemps, d'autant que l'affaire n'évoluait pas. Des années durant, aucun indice n'est apparu qui aurait pu contribuer sérieusement à son élucidation. Rien ne bougeait, tout demeurait simplement tragique. Stagnation. Le pire pour lui avait été de voir mes parents se cramponner à la moindre lueur d'espoir. D'un côté, la guéguerre d'époux séparés, de l'autre, leur unité quand ils affirmaient que, si j'étais morte, ils n'auraient plus, eux non plus, de raison de vivre. Les entretiens menés par Feurstein avec mes parents pendant ma captivité ont d'ailleurs servi de matériel d'observation aux médecins désormais chargés de s'occuper de moi. Ils ont constitué la base d'expertises psychologiques destinées à déterminer si mes parents m'avaient maltraitée, et comment, si mon enfance

---

1. Littéralement, « Thème » : émission trimestrielle de faits divers de la télévision autrichienne. *(N.d.T.)*

avait vraiment été misérable au point que j'avais choisi de m'enfuir, et enfin s'ils avaient pu être liés d'une manière ou d'une autre à mon enlèvement.

Une fois établi que l'ORF mènerait et diffuserait l'interview en exclusivité, le choix de mon interlocuteur a été une évidence. La teneur des questions a été préparée dans les grandes lignes avec les médecins et moi, mais personne ne savait comment je réagirais en cas de coup dur. On a aussi décidé que l'enregistrement pourrait être entrecoupé de petites pauses, notamment à cause de mon rhume et de ma voix enrouée. Il était même envisageable d'interrompre complètement l'interview, au cas où les médecins qui y assisteraient auraient l'impression que la situation devenait insupportable pour moi. Si je n'avais pas résisté à la pression, cela aurait posé un problème non seulement à la chaîne de télé, mais aussi à toute ma cellule de soutien, qui aurait alors certainement essuyé un feu nourri de critiques.

Feurstein a eu un entretien préparatoire avec les psychiatres. Ils lui ont expliqué que j'étais une jeune fille étonnamment éloquente et forte et que le traumatisme subi ne deviendrait sans doute visible et perceptible dans toute son ampleur qu'avec le temps. Il ne savait rien de plus. Il est bien sûr étonnant que nous n'ayons pas fait connaissance avant l'enregistrement : aucun de nous n'a pu se faire d'impression de l'autre. Le grand inconnu, pour tout le monde.

Nous nous sommes brièvement salués puis avons pris place dans nos fauteuils.

« Ces derniers jours, de nombreuses personnes m'ont demandé comment vous alliez. C'est extraordinaire que vous soyez assise là et que je puisse vous poser la question moi-même : mademoiselle Kampusch, comment allez-vous ?
— Hm, eh bien, euh... Bien, compte tenu des circonstances.
— Vous êtes libre depuis maintenant quinze jours ; comment avez-vous vécu cette nouvelle liberté, que faites-vous de vos journées ?
— Eh bien, avant tout, je me remets de la fuite, je me détends. [...]
— Qui sont les personnes à qui vous parlez le plus, à qui vous faites le plus confiance ?
— Euh, alors, à qui je fais le plus confiance, hm. Le docteur Friedrich, par exemple, mais aussi tous les psychologues qui s'occupent de moi. Mais en fait, c'est en ma famille que j'ai le plus confiance. Et en moi. Voilà. »

Après la diffusion de l'interview, un sondage a été effectué pour demander aux gens ce qu'ils avaient ressenti et ce qu'ils me souhaitaient. 98 % me souhaitaient bonne chance et espéraient qu'on allait me laisser en paix, pour que je puisse me préparer à ma nouvelle vie.

Peu après, l'ambiance a changé du tout au tout quand le magazine *Stern* a révélé que j'étais allée faire du ski avec le ravisseur. Je l'ai nié, à l'époque, même si c'était la vérité – mais une forme extrêmement raccourcie de la vérité. Cela ne reflétait pas toutes les années de très complexe relation ravisseur-victime, une relation au sein de laquelle ce séjour au ski, peu avant mon dix-huitième anniversaire, n'avait pas du tout été un moment de plaisir, mais au contraire un moyen de me démontrer que je n'étais rien, de me prouver la puissance de l'emprise qu'avait Priklopil sur moi. Durant cette excursion à la station du Hochkar, j'avais essayé d'attirer l'attention d'une femme, dans les toilettes d'un refuge. J'avais rassemblé tout mon courage, mais sans réussir à émettre plus qu'un petit couinement. La dame m'avait souri gentiment et était ressortie, en passant devant mon ravisseur qui m'attendait impatiemment.

On n'a cessé de me demander pourquoi je n'avais pas pu m'enfuir plus tôt, pourquoi je ne m'étais pas enfuie plus tôt, de même, comme je l'ai déjà indiqué, qu'on n'a jamais cessé de supposer que j'étais restée chez lui de mon plein gré. Ces allégations tournent en ridicule ce que j'ai subi. Est-ce pour rendre le tout plus facile à supporter pour les observateurs extérieurs ? Je l'ignore.

Le moindre de mes pas était surveillé et contrôlé par le ravisseur. Il me pesait, et ma nourriture et l'air que je respirais étaient rationnés. Je devais mendier le moindre signe de considération, ne serait-ce qu'un livre ou une cassette. Chaque acte qu'il jugeait fautif était puni. Et quand il était en haut, dans la maison, sa voix résonnait comme un aboiement à travers l'interphone du cachot. « Obéis ! »

Durant toutes ces années, j'ai été successivement menacée et intimidée. Il affirmait qu'il tuerait les voisins s'ils entendaient ma voix par hasard, pendant que je travaillais dans la maison, et qu'après cela je ne reverrais jamais la lumière du jour. Quand, au bout de plusieurs années, il a commencé à m'emmener avec lui en voiture au magasin de bricolage ou dans d'autres boutiques, il me montrait avant de partir ce qu'il me ferait si j'osais un seul mouvement déplacé. « Regarde, avec ça, je peux t'ouvrir la carotide. » Ou bien : « Avec ça, je peux te défoncer le crâne, personne ne pourra réagir assez vite. »

Une journaliste a un jour eu le cran de me demander pourquoi j'avais cru à tout cela. Il est pourtant évident qu'une personne en mesure d'enlever un enfant et de le retenir pendant des années dans un cachot sans fenêtre est capable de tout. J'en avais parfois vraiment assez de répondre à de telles questions. On ne peut reprocher à personne de ressentir d'un côté ce besoin d'exagérer l'horreur et de l'autre cette naïveté, ce refus ou cette incapacité de s'imaginer que certaines choses dépassent réellement l'entendement. Mais j'aurais bien aimé qu'on essaie au moins de réfléchir au fait qu'il existe une prison intérieure et une prison extérieure.

Ma prison extérieure a été là dès le début, la prison intérieure s'est bâtie au fil des années. Priklopil savait dépeindre le monde du dehors comme le théâtre des pires horreurs. Lui, et lui seul, était mon protecteur, mon sauveur, la seule et unique personne pour qui j'avais de la valeur. Le seul qui se souciait de mon sort alors que tous les autres s'étaient détournés de moi depuis longtemps. Y compris la police qui, selon lui, ne recherchait plus que mon cadavre.

Un des pires moments des dernières années de ma captivité a été le jour où, alors que je n'étais vêtue que d'une petite culotte, maigre, couverte de bleus et la tête rasée, il m'a poussée vers la porte et m'a dit : « Allez, file, tu verras bien jusqu'où tu pourras aller. » J'étais si humiliée et honteuse que j'ai été incapable de faire un seul pas. Il m'a tirée vers lui et a dit : « Tu vois bien, le monde de dehors ne veut pas de toi. Ta place est ici, et rien qu'ici. »

Juste après ma libération, les psychiatres ont établi que la complexe relation ravisseur-victime qui s'était développée entre Priklopil et moi durant toutes ces années ne pouvait être décrite en quelques phrases. Les gens, à l'extérieur, auraient du mal à comprendre que, avec le temps, la prison intérieure était devenue plus massive encore que la prison extérieure. On cherche toujours des solutions et des explications simples, même si, dans mon cas, il ne pouvait évidemment pas y en avoir. À l'époque, on a sous-estimé le fait que dans une histoire d'une telle ampleur rien ne peut être passé sous silence. Pourtant, à ce moment-là, certains éléments ont été exclus, pour de bonnes raisons. Et quand ils ont fini par être rendus publics, j'ai été punie pour cela.

Dans l'esprit de bien des gens, ce fameux séjour au ski est devenu le symbole d'une forme de relativisation de ma période de captivité. C'était pourtant l'inverse. Cet épisode ne démontre rien d'autre que la mesure de ma prison intérieure, le point auquel j'avais intériorisé les menaces du ravisseur, son omniprésence à toute heure du jour et de la nuit, et parallèlement, l'extrême difficulté qu'il y a à percer cet enchevêtrement de dépendance et de pouvoir poussés à l'extrême, et de le rendre compréhensible au plus grand nombre.

*

L'étape suivante de ma nouvelle vie a commencé par un déménagement. Je ne voulais plus rester à l'hôpital, les examens les plus importants étaient terminés, et je souhaitais sortir.

Le 7 septembre 2006, j'ai écrit dans mon journal intime :

Tout le monde est content, de moi et de mon interview. Comment je vais, moi, j'ai du mal à l'évaluer. Pour le découvrir, je demande une sortie. Le docteur M. me mène à travers une sorte de conduit de câbles jusqu'à la porte de derrière de la clinique. Soudain, me voilà face aux trottoirs, pavés, rampes d'accès et passages cloutés. En plus, dans la rue, des gens viennent en sens inverse. Certains chuchotent et se retournent. Je m'efforce de me concentrer sur chaque pas.

Dans l'Alserstraße, j'essaie de m'acheter un chapeau de paille, mais il n'y en a pas. Dans une autre boutique, je trouve une casquette, et un porte-monnaie rose. La vendeuse m'observe, bouche bée. Mais c'est seulement une cliente qui, en entrant, me reconnaît ; elle annonce sa découverte à voix basse. Je sors du magasin à la hâte. Quelques jours après ma fuite, j'étais allée manger une glace avec le docteur Berger et personne ne m'avait reconnue. Je me demande ce que tout ça va donner, à l'avenir.

Mon avenir, tout le monde y réfléchissait. Pour les médecins, il fallait que je reste à la clinique. Les avocats pensaient que je devais entrer en contact avec d'autres jeunes le plus tôt possible, pour rattraper un peu de ma jeunesse perdue. Après une première expédition dans la « vie nocturne » des bars de Vienne en compagnie de jeunes employés du cabinet, la situation entre les « parties de ma prise en charge » est devenue encore plus tendue. Le portier de l'hôpital n'a pas voulu me laisser rentrer du fait de l'heure tardive, pour cause de non-respect du règlement intérieur, et le lendemain, je me suis fait sermonner.

J'étais à l'hôpital de mon plein gré et non parce que je représentais un quelconque danger pour moi-même ou les autres. J'avais été examinée, il n'y avait plus aucune raison de tirer plus longtemps sur la corde. Je voulais vivre sous mon propre toit et non plus dans une salle stérile, au milieu de meubles d'hôpital. Mon souhait n'a pas soulevé que de l'enthousiasme ; on m'a fait comprendre que si je partais maintenant, il serait inutile de revenir. Ainsi se brisait un nouveau pilier de l'équipe. Quand j'ai fait mon sac, j'ai récolté des commentaires pas franchement bienveillants : « Alors comme ça, tu pars déjà ? T'es guérie, c'est ça ? »

Un foyer de religieuses de Rosenhügel, dans le XIIIe arrondissement, m'a offert une solution temporaire : un studio de 19 mètres carrés au onzième étage. Lors de mon installation, fin septembre, près de cinq semaines après ma fuite, j'ai dû signer une déclaration affirmant que je ne me jetterais pas par la fenêtre. Aucune autre manière de se suicider n'a été évoquée.

J'ai emprunté quelques meubles, dont deux tables. Les lettres et les e-mails imprimés se sont vite empilés sur l'une d'elles. Je voudrais ici remercier chaleureusement tous ceux qui, à l'époque, m'ont soutenue. J'ai tiré beaucoup de force des témoignages de compassion et de compréhension que tant de gens m'ont envoyés. Souvent, des parents m'écrivaient des lignes pleines d'encouragement et de commisération sincère, me racontaient à quel point mon histoire les avait touchés, et leur bonheur que leurs enfants et eux-mêmes soient épargnés d'un tel sort.

Des personnes âgées qui avaient traversé de terribles épreuves, notamment pendant la guerre, se retrouvaient en partie dans mon histoire ; ils connaissaient ce sentiment d'avoir survécu. J'ai aussi reçu des récits autobiographiques, la plupart de femmes ayant subi dans leur enfance ou leur jeunesse des expériences traumatisantes, et dont certaines étaient toujours en thérapie. Beaucoup y voyaient des parallèles avec mon histoire, souhaitaient me soutenir, ou espéraient mon aide.

En plus de tous ces courriers positifs ou émouvants, j'ai reçu tout autant de lettres présentant en détail les souhaits les plus étranges. Les collectionneurs d'autographes étaient encore anodins ; demandes en mariage, engagements comme comédienne, invitations diverses, il y avait de tout. Certains voulaient m'emmener en voyage, ou me permettre de partir en vacances. D'autres souhaitaient emménager avec moi dans la maison du ravisseur, ou me proposaient du travail chez eux, comme femme de ménage. Si je travaillais avec zèle dans l'entreprise familiale en échange d'une pension mensuelle de 57 euros, on pourrait s'entendre. Des mères m'écrivaient au nom de leurs fils pour vanter leurs mérites de futur conjoint. Certains voulaient m'adopter, d'autres me décrivaient sans détour le rôle que j'aurais à jouer dans leur vie ; après tout, j'avais déjà appris en quoi consistait l'existence d'une esclave. J'ai reçu franco de port des photos obscènes et des leçons de morale ; plusieurs bibles, diverses lectures édifiantes.

Tout au début, j'avais encore été submergée de chocolats, de fleurs et de petits cadeaux. Au fil des ans, j'ai reçu divers talismans et porte-bonheur, des bijoux faits maison ornés de pierres énergétiques, fabriqués par des gens qui souhaitaient me soutenir mentalement. Des petites filles m'ont envoyé des poèmes et des dessins, de parfaits inconnus m'ont fait parvenir 20 euros pour que je m'achète ce qui me ferait plaisir. J'ai reçu des œuvres d'artistes, en général des portraits de moi stylisés, qui me représentaient sous forme d'ange ou d'être éthéré. Mais il y a aussi eu des harceleurs, qui m'envoyaient régulièrement des lettres déplacées, des photos et divers objets. Deux d'entre eux, particulièrement acharnés, ont même été par la suite condamnés à se tenir éloignés de mon entourage et de celui de ma famille.

J'ai aussi souvent reçu des lettres de gens qui souhaitaient une nouvelle gazinière ou des cadeaux de Noël pour leurs enfants. Des organisations de bienfaisance douteuses me demandaient des dons, des associations spiritistes souhaitaient que je partage mon « aura » avec elles pour donner de la force aux « âmes perdues ». D'autres voyaient en moi un suppôt du diable et voulaient m'éliminer pour que je ne puisse plus exercer ma force destructrice sur cette terre. Ils me rendaient ouvertement responsable de la mort de mon ravisseur, prétendant qu'il avait été ma première victime. Cet étrange renversement des rôles n'est pas resté l'apanage de ce genre de maboules, mais est devenu plus tard une partie intégrante de mon quotidien. J'étais au pilori, je devais me justifier, on mettait mes propos en doute, on m'accusait même de mensonge, en particulier quand les journaux publiaient de nouvelles informations sur « l'affaire Kampusch », ou quand j'avais donné une interview.

Au début de ma vie en liberté, évaluer la manière de réagir à toutes ces lettres a été pour moi un véritable numéro d'équilibriste. L'éventail d'émotions qu'elles exprimaient me faisait parfois peur. Je pensais avoir laissé derrière moi pour toujours ces exigences possessives et ces fantasmes pathologiques ; j'étais éberluée par le nombre relativement élevé de personnes qui semblaient appeler de leurs vœux un tel quotidien. Beaucoup s'identifiaient avec le ravisseur, l'homme qui avait accompli ce dont eux-mêmes rêvaient manifestement.

Nous abordions régulièrement ces questions au cours des entretiens avec ma psychologue : le danger d'une retraumatisation, la peur de sortir dans la rue et d'y croiser des gens chez qui une telle rencontre éveillerait toute une chaîne d'idées perverses. Dans mon cachot, je m'étais imaginé que seuls des gens honnêtes, bien élevés, pleins d'attention et de bienveillance, respectueux de chaque individu vivaient à l'extérieur. Évidemment, je savais que c'était faux mais, en comparaison avec le ravisseur et sur la base de mes souvenirs, c'était l'image que j'avais du monde. Une fois libre, j'ai vécu les expériences les plus troublantes, y compris dans des lieux aussi banals que les transports en commun et les magasins. Me mêler chaque jour aux gens représentait un défi, mais c'était exactement celui que je voulais relever. Pendant longtemps, je n'ai fait aucun compromis, je voulais pouvoir me déplacer aussi librement que n'importe qui. J'ai tenu le coup durant à peu près six ans, puis j'ai glissé dans une phase pendant laquelle je suis à peine sortie de chez moi. J'étais en permanence sous tension, dans la ligne de mire des médias, et le moindre pas à l'extérieur devenait souvent une véritable torture. Je ne supportais plus que certaines personnes me fixent si bizarrement, que des adolescents se moquent de moi, que d'autres me dévisagent d'un air réprobateur ou salace.

Tout cela, mais aussi une familiarité exagérée manifestée par des étreintes spontanées, bien intentionnées, me rendait nerveuse et m'embarrassait : je n'avais pas envie qu'on me remarque, je voulais juste être normale. Mais je suis marquée par le stigmate de la « victime de violences ». Parfois, j'ai peur que personne ne parvienne jamais à m'aborder sans me juger. Quand je serai plus âgée, il y aura peut-être des gens qui ne connaîtront pas mon histoire, pour qui je ne serai qu'une personne parmi tant d'autres.

M'exposer à tout cela pendant si longtemps relevait d'un mélange de masochisme et de bravade. De plus, j'avais été bien assez longtemps spectatrice de la vie du dehors, je ne voulais plus me laisser enfermer. C'est devenu encore pire chaque fois que les enquêtes ont été rouvertes, accompagnées des spéculations les plus écœurantes. Des gens crachaient à mes pieds ou me lançaient en passant que je devrais avoir honte, que j'étais vraiment une salope, qu'avec une telle famille ça n'avait rien d'étonnant.

Dans une boutique de pierreries et autre matériel de bijouterie artisanale, un magasin où je me rends souvent depuis que la fabrication de bijoux est devenue un de mes hobbies, une dame d'âge moyen m'a prise à partie à la caisse, me demandant pourquoi « je n'étais pas restée au fond de mon trou avec une meule autour du cou au lieu de venir tromper le monde entier avec mes mensonges ».

La plupart du temps, j'arrive à prendre mes distances face à ce genre de comportement, en me rappelant que ce n'est pas vraiment moi, en tant que personne, qui suis visée, mais que je sers de surface de projection. Souvent, les gens pensent du mal de moi à cause de mésinterprétations ou de malentendus. D'autres fois pourtant, il s'agit simplement de froideur et de haine pures et simples. Je ne peux ni ne dois connaître ou comprendre la mentalité sur laquelle ces sentiments sont fondés, mais je dois la supporter.

Les gens qui me critiquent sont-ils eux-mêmes si réfléchis et si irréprochables qu'ils l'attendent de moi ? À travers cette affaire elle-même, à travers la confrontation au crime, à ma captivité, et à la manière dont les gens et les médias m'ont traitée, j'ai vu et vécu des choses qui demeurent cachées à la plupart des gens. Souvent, on ne voit que la surface, censément belle, et on oublie trop vite qu'elle dissimule un enchevêtrement d'éléments confus et incontrôlables. Le besoin humain de s'élever au-dessus de l'autre, de lui assigner une place, semble en faire partie. Et ma place à moi n'est manifestement pas là où je l'avais imaginée. D'une certaine manière, je n'ai pas eu le droit de me libérer.

Un rapprochement observé à la loupe

Mes parents, les médias et moi

> *Il a dit : « Tu n'es pas ici. Tu es enterrée je ne sais où depuis déjà longtemps. Et c'est ta mère qui t'a tuée, et maintenant, ils sont tous en tôle. Ton père, ta mère et toute ta famille, parce qu'ils ont comploté pour organiser le meurtre. »*
>
> *J'ai été choquée que des réflexions similaires aient cours « dehors », et que mes parents soient victimes d'un soupçon généralisé.*

La presse a vivement débattu de la question : pourquoi, après tant d'années de captivité, ne suis-je pas retournée m'installer chez mes parents ? Ils n'étaient plus en couple depuis longtemps et avaient tous deux refait leur vie : mon père avait une nouvelle compagne, ma mère ses chats et ses petits-enfants, même si les médias n'ont cessé d'insinuer qu'elle avait d'autres centres d'intérêt. Ma chambre d'enfant était encore là, rien n'y avait changé à part la couleur des murs. Roses au moment de mon enlèvement, ils étaient maintenant d'un ton vert frais. Mes affiches et mes posters étaient toujours aux murs, le lit fait avec mes draps préférés, et les peluches étaient restées près de l'oreiller. La vitrine grise contenait tous les objets auxquels j'étais attachée dans mon enfance : une petite Mercedes gris métallisé offerte un jour par mon père, un cheval de Barbie multicolore qui hennissait quand on appuyait sur sa selle, Maman Ours et ses petits, et les livres sur la nature de Ruth Thomson avec lesquels je m'étais entraînée à lire, l'après-midi après l'école.

Un tas d'insectes bourdonnaient et vrombissaient, voletaient et tourbillonnaient au milieu des fleurs. Titi l'Abeille était parmi eux.

Titi l'Abeille vivait dans un tronc creux avec des milliers d'autres abeilles, qui étaient toutes aussi travailleuses qu'elle. Titi l'Abeille était un peu prétentieuse ; tôt le matin, elle aimait partir toute seule. Un jour, quand elle revint, tout le monde avait disparu. Titi l'Abeille, se sentant très seule, se mit à la recherche des autres abeilles. Et là, sur un immense buisson de mûres, elle retrouva tout son essaim. Elle poussa un cri de joie : « Enfin ! Elles sont là ! »

Toute à son excitation, elle vola imprudemment et faillit s'emmêler dans la toile presque invisible qu'une araignée avait tissée là[1].

C'est précisément le passage que j'ai lu pour un reportage de l'ORF, un an après mon évasion. Ce n'était pas prévu : j'ai juste attrapé un livre, me suis assise par terre, l'ai ouvert et ai commencé à lire. Plus tard, en voyant le reportage, j'y ai vu une parabole de mon passé, et ce passage m'a semblé correspondre un peu aussi à mon présent.

*

Pendant ma captivité, imaginer les sentiments que mes parents ont dû éprouver après ma disparition m'a beaucoup pesé, surtout quand je pensais à ma mère et à la dispute sur laquelle nous nous étions quittées. « Il ne faut jamais se séparer fâchés. On ne sait pas si on se reverra ! » Voilà une des phrases qu'elle m'a léguées, de même que « un Indien ne connaît pas la douleur ». Quand j'étais enfant, je pensais ne jamais pouvoir devenir aussi forte qu'elle, ne jamais parvenir à la satisfaire ; pourtant, pendant ces années au cachot, c'est sur cette force que je me suis appuyée pour me relever quand j'étais au plus bas émotionnellement. Ainsi que sur la certitude

---

1. Extrait de *Die Geschichte von Tinchenbienchen. Mein Buch von den Bienen* de Ruth Thomson, Readers Digest, Zürich, 1988.

qu'ils m'aimaient tous les deux, même s'ils n'avaient pas toujours été capables de me le montrer sous la forme espérée. Peut-être parce qu'ils appartiennent à une génération qui n'a jamais appris à exprimer ses émotions, une génération qui a grandi à la dure, à une époque où il n'était jamais question de se réaliser soi-même ; tout ce qui comptait, c'était de n'avoir aucun besoin personnel et d'endosser des responsabilités, qu'on le veuille ou non.

J'étais la petite dernière de ma famille ; ma mère était retombée enceinte à trente-huit ans. Mes deux demi-sœurs, nées du premier mariage de ma mère, étaient déjà majeures. Je n'étais donc pas un enfant désiré, plutôt une charge arrivée à un moment où ma mère pensait que sa vie allait un peu se simplifier. Elle avait eu ses deux premières filles très jeune et les avait élevées presque seule, accumulant les petits boulots pour s'en sortir. En plus de son activité de couturière, elle avait plus tard repris avec mon père un petit magasin assorti d'un café, et une épicerie s'y était ajoutée l'année de ma naissance. Mon père livrait du pain avec son camion, ma mère s'occupait du reste. Il ne restait que bien peu de temps à consacrer à un enfant en bas âge.

Pourtant, étant la petite dernière, j'ai longtemps été le centre de toutes les attentions. Mes sœurs me chouchoutaient, m'emmenaient dans des balades en poussette et me présentaient fièrement à leurs amies. Mon père faisait le fou avec moi dans l'appartement, quand il ne travaillait pas ou ne traînait pas dans les bars, une activité à laquelle il se livrait avec enthousiasme ; l'argent avait tendance à lui filer entre les doigts, ce qui mettait ma mère en rage. Pendant qu'elle se tuait à la tâche, il dépensait l'argent à tort et à travers et s'endettait, au point que la boulangerie de ses parents a fini par être saisie.

Pour moi, le fournil et la petite boulangerie attenante, dans laquelle presque rien ne semblait avoir changé depuis des décennies, étaient la définition même du foyer. Et plus mes parents se disputaient, à la maison, plus ils s'éloignaient l'un de l'autre, et donc de moi, plus ma grand-mère prenait d'importance. Dans la maison de Süßenbrunn, un vieux village à la limite nord de la ville, avec son jardin plein d'arbres fruitiers, j'étais heureuse. Me dépenser, me gaver de baies, chiper du pain chaud au fournil, regarder ma grand-mère faire la cuisine dans son tablier fleuri – un monde parfait.

Mon propre monde, celui de l'appartement du Rennbahnweg, était en pleine décomposition. Mes parents se disputaient de plus en plus souvent, les portes claquaient, l'ambiance était désastreuse. D'abord, ils s'étaient perdus l'un l'autre, avaient perdu leur amour, et maintenant, c'était à mon tour de perdre peu à peu ma place dans cette famille dont les membres s'éloignaient de plus en plus les uns des autres. J'avais cinq ans quand mon père est parti. Plus personne pour me faire rire, faire virevolter sa princesse en l'air et la faire rebondir sur son gros ventre. Je n'ai pas supporté la séparation, pas compris ce qui se passait, me demandant si c'était ma faute. J'ai pratiquement arrêté de sortir, me réfugiant dans ma chambre, et quand, peu après, je suis entrée au jardin d'enfants, j'ai été reprise d'incontinence – d'abord seulement la nuit, puis aussi pendant la journée.

Ça a été le début d'une période humiliante qui m'a fait perdre toute estime de moi-même. Ma mère a réagi à mon « problème » avec dureté, incompréhension et désespoir, m'accusant de le faire exprès alors même que sa propre situation était déjà si difficile. C'était ma faute si les autres enfants me harcelaient, si les éducatrices me ridiculisaient ou me punissaient. Quand je me plaignais, elle me traitait de « mauviette », disant qu'il fallait apprendre à être dure, surtout envers soi-même. Quand je pleurais, elle se montrait particulièrement sévère, me donnant parfois une tape pour que je sache au moins pourquoi je pleurais.

Je me sentais délaissée, nulle, minuscule. Je n'étais plus la petite fille joyeuse au rire gai, mais une enfant au regard triste, qui tentait de compenser par la nourriture son désespoir et son sentiment de rejet. Je mangeais de plus en plus et me goinfrais de tout ce qui me tombait sous la main, à en avoir mal au ventre. À dix ans, je mesurais 1,45 mètre et pesais 45 kilos. Encore plus de moqueries, de harcèlement, de rejet. Un cercle vicieux dont je ne me sortais plus.

Certaines des choses qui m'ont particulièrement pesé pendant la captivité constituaient un écho du passé. Le contrôle des boissons, par exemple. À l'époque du jardin d'enfants, comme l'incontinence ne cessait pas, on s'est mis à réglementer strictement la moindre goutte. On ne me donnait rien à boire avant que j'aille au lit, et quand nous étions dehors je n'avais le droit de boire que si des toilettes se trouvaient à proximité. J'avais toujours soif. Plus tard, pendant ma phase de frustration boulimique, j'ai avalé des litres de soda sucré ; tout était excès.

Au cachot, quand ma langue collait lourdement à mon palais, j'avais parfois l'impression d'étouffer. Quand je n'avais que quelques biscuits secs ou biscottes, que je ne pouvais pas avaler sans liquide, je devenais à moitié folle. La voix du ravisseur dans l'interphone, qui aboyait : « Tu as déjà tout bu, une fois de plus ? » ou « Mais regarde-toi, tu es grosse et moche ». Jadis, ma mère me disait parfois d'un ton moqueur : « Un enfant laid, on ne peut l'habiller que d'une belle robe. » Tout cela s'était profondément gravé dans mon âme, et ces blessures se rouvraient.

Plus tard, quand la puberté a commencé, le ravisseur s'est mis à me priver de nourriture de façon ciblée pour m'affaiblir, y compris psychiquement. Je mourais de faim, parfois pendant des jours, chaque bouchée était strictement contrôlée. Parfois, en haut, sa mère préparait de la salade de cervelas ; j'en obtenais de temps en temps un ramequin, mais il en ôtait d'abord les œufs durs et les morceaux de charcuterie, ne laissant que quelques morceaux d'oignon et de tomate flotter dans la marinade.

Après la séparation de mes parents, j'avais tenté de compenser le manque de tendresse et d'amour en mangeant. Dans le cachot, la nourriture servait à me rendre docile, à me briser, à me rendre dépendante. Quand, après les pires phases d'affamement, le ravisseur me donnait une part de gâteau, j'étais folle de joie. On était conscient de mon existence, je n'avais apparemment commis aucune faute, je recevais de l'attention sous la forme de nourriture.

La nourriture a toujours joué un grand rôle dans ma famille. Pas d'excursion sans étape à l'auberge, pas de fête sans une table généreusement garnie de quenelles, de rôtis et de gâteaux. C'était très visible chez mon père, tandis que ma mère pouvait manger énormément sans jamais prendre un gramme. Quand j'ai commencé à tant grossir, sa réaction a oscillé entre contrôle et inconscience. « Ne te gave donc pas comme ça ! » Mais, la plupart du temps, elle était bien trop occupée pour me taper sur les doigts quand, dans une salle de l'arrière du magasin, je faisais mes devoirs en dévorant sans interruption chocolats et autres sucreries.

Le ravisseur, pour sa part, souffrait d'une phobie alimentaire prononcée et m'imposait ses tendances anorexiques. À seize ans, je ne pesais plus que 38 kilos pour 1,57 mètre. L'absorption de nourriture n'était pour lui pas liée au plaisir ni à la joie de vivre, mais représentait plutôt une obligation pénible, ou bien un acte qu'il fallait associer à une performance. On ne mérite un quignon de pain que si on travaille dur. Même quand je voulais un verre d'eau, juste comme ça, parce que j'avais soif, nous nous disputions.

Il ne se montrait relativement généreux qu'après m'avoir infligé des sévices graves. Quelques oursons Haribo, un morceau de chocolat, des biscuits, un verre de lait – comme s'il souhaitait ainsi apaiser sa mauvaise conscience. Par la suite, quand j'ai découvert que, moi aussi, je pouvais exercer une forme de pouvoir, une de mes stratégies a consisté à ne pas toucher à ces sucreries. Qu'il s'étouffe donc sur sa mauvaise conscience.

C'était là une tentative de lui rendre, à un autre niveau, un peu des tourments qu'il m'infligeait chaque jour. Pourtant, je n'ai pas oublié un seul instant que ma survie tout entière dépendait de lui. J'étais aussi dépendante de mon ravisseur que les jeunes enfants le sont de leurs parents ; j'avais l'habitude de suivre les instructions des adultes, même sans en comprendre le sens. Je connaissais l'alternance entre considération et ignorance et avais appris à être reconnaissante des moindres attentions. Les enfants sont capables de s'adapter à la pire adversité. Ils sont dépendants, incapables de satisfaire leurs besoins eux-mêmes, et tenteront toujours de discerner la moindre des qualités de la personne qui constitue leur référence, quelle que soit sa cruauté.

Après mon évasion, on a beaucoup écrit sur ce sujet. Souvent, sans considérer le fait que je n'avais tout simplement eu aucun autre moyen de survivre, on évoquait une prétendue liaison amoureuse que j'aurais eue avec le ravisseur.

J'ignore ce que mon ravisseur a vu en moi. Nous étions liés, inévitablement, mais en aucun cas par de l'amour. La tendresse n'est pas un sentiment que l'on peut développer sous la contrainte, en étant privé de liberté.

Mes parents, eux, m'aimaient, et ils m'aiment encore aujourd'hui. Se retrouver mis au pilori, lire que j'aurais eu un lien plus fort avec mon tortionnaire qu'avec eux, a certainement été très dur pour eux. On a prétendu que j'étais restée chez lui de mon plein gré, juste pour ne pas devoir retourner dans cette famille déchirée.

À tous ceux qui croient cela, j'aimerais dire que ma famille m'a légué bien des aptitudes qui m'ont permis de survivre en captivité. De ma mère, la discipline et une certaine habileté à masquer les émotions. De mon père, la capacité à affronter la réalité en lui opposant d'autres mondes où me réfugier, ne serait-ce qu'en pensée. De ma grand-mère, une réserve émotionnelle de tendresse et de chaleur dans laquelle j'ai toujours pu puiser aux pires moments de froid et d'obscurité, dans le cachot.

*

Mes parents n'ont pas mérité le traitement qui leur a été infligé après mon enlèvement mais aussi après ma fuite. J'étais un enfant du divorce, ou de la séparation, comme des millions d'autres. Ils travaillaient, comme le font la plupart des parents aujourd'hui. En sûreté et dorlotée un instant, je me retrouvais la minute d'après ignorée, considérée comme un élément perturbateur, ou bien renvoyée de l'un à l'autre comme une balle, pour rabaisser l'autre et se valoriser eux-mêmes. C'est moi, ton papa, qui t'aime le plus, parce que... Il ne peut pas t'aimer autant que moi, parce que... Cela aussi, c'est le quotidien d'enfants dont les parents ne se parlent plus ou ne disent plus que du mal l'un de l'autre.

Il n'est pas nécessaire d'avoir grandi dans la banlieue de Vienne, dans une ville-dortoir dépourvue de centre-ville et de vrai visage, pour en faire l'expérience. Tours d'immeubles créées de toutes pièces et plantées sur des pelouses jadis vertes, centres commerciaux aux enseignes lumineuses multicolores. Lors de la construction du lotissement, dans les années 1970, les urbanistes se sont sans doute félicités de l'apparente réussite de leur vision enfin devenue réalité. 2 400 appartements abordables, vastes et clairs, avec balcon, pour loger plus de 7 000 personnes, et reliés par des cours arborées. Quand j'y ai grandi, il ne restait pas grand-chose de cette splendeur initiale. Le Rennbahnweg était considéré comme un quartier sensible au fort taux de chômage, l'atmosphère sur place était souvent marquée d'une agressivité larvée, voire ouverte, de nombreux jeunes se droguaient, les plus âgés noyaient leur frustration dans l'alcool.

C'était bien visible pour tout le monde – « ceux-là », on pouvait les montrer du doigt et se dire : heureusement que nous ne vivons pas là, heureusement que nous ne sommes pas comme ces pauvres gens sans espoir, avec leur vie triste et dénuée de toute perspective. On oublie par là que le désespoir, la frustration et les problèmes relationnels existent tout autant derrière les jolies façades soignées, dans les villas imposantes aux jardins bien ratissés, où papa lave la voiture tous les samedis et où maman reste à la maison parce qu'un salaire suffit.

Cela peut sembler cynique, mais c'est dans la maison d'une famille supposée modèle que j'ai vécu des choses absolument inimaginables. Quand les voisins se contentent de dire qu'il était pourtant si gentil et bien propre et bien poli, et que tout était toujours si bien rangé, je sais l'effet que cela produit. On ne prend plus le temps de jeter un coup d'œil derrière la façade ; tout va bien, allez.

La vie privée de ma famille a été disséquée en public, martelée à coups de clichés. Ce qui m'est arrivé, ce qui leur est arrivé, a soudain été considéré comme « prévisible ». En 2009, lorsque la deuxième commission d'évaluation a été lancée, en fait pour élucider des ratés internes de l'enquête, les représentations négatives de mes parents et de mon enfance ont atteint des sommets jusque-là inimaginables. Dans un entretien avec un journal, le chef de cette commission a déclaré que ma période de captivité avait peut-être été « de toute façon préférable » à ce que j'avais « vécu auparavant ». Au vu des conditions dans lesquelles j'avais grandi, on ne pouvait pas croire sérieusement que j'aie été une victime « de hasard[1] ». Il était même envisageable que tout ait un rapport, dans le cas où il existerait un lien entre le ravisseur et mes parents. Si ce lien n'était pas confirmé, eh bien, il se pouvait aussi que je me sois livrée de mon plein gré à cette « alternative de vie » déjà citée, heureuse de pouvoir enfin échapper au bourbier de misère que constituait le foyer parental.

*

En apprenant ma réapparition, mes parents ont dû se sentir littéralement fous de joie. Une période de plus de huit ans rapetissait et se comprimait en ce seul instant de retrouvailles. Un trop-plein d'émotions, d'espoirs, de joie et d'incertitude. Personne ne savait comment faire face à la situation. S'y ajoutaient les attentes de l'extérieur, la presse était déjà

---

1. *Kronzeitung*, 4 août 2009.

là. Comment se comporter quand on ne s'est pas vus pendant si longtemps ? Quand on a pris congé d'une enfant d'âge scolaire et qu'on retrouve une jeune fille majeure qui, au cours de ces années, a… a quoi, d'ailleurs ?

La première rencontre avec ma mère a eu lieu dans l'ancienne centrale de police de Vienne. À l'arrivée de la voiture, les journalistes ont essayé de bloquer l'accès arrière du bâtiment. Ils ont tambouriné sur le toit du véhicule, pressé caméras et micros contre les vitres. Quelques jours après nos retrouvailles, ma mère a décrit ainsi son parcours vers l'étage :

« Je suis entrée dans l'immeuble, mon cœur cognait de plus en plus vite, de plus en plus fort, et à l'ascenseur, j'ai cru que c'était déjà la porte. Mais c'était que la porte de l'ascenseur. Là, j'ai attendu encore un peu, mais c'était de la folie. Je suis si fière de la gamine, qu'elle ait tenu le coup. Si fière et heureuse. »

J'avais attendu cet instant huit anniversaires, huit fêtes de Noël et de Pâques, huit ans. Pendant huit ans, j'avais rêvé d'un mot tendre, d'une caresse de ma mère. Quand le jour est enfin venu, je n'ai pas su quel comportement adopter. La joie si grande, les sentiments si bouleversants m'ont coupé le souffle. Je voulais tout bien faire, et je ne savais pas comment.

Je me suis sentie un peu dépassée et étouffée par l'étreinte et les larmes de ma mère, et plus tard par celles de mon père. On aurait dit que tout le monde voulait presque me broyer de bonheur. Il me fallait d'abord réapprendre à réagir à une émotivité spontanée, dénuée de tout calcul ou de toute arrière-pensée. Au cours des années passées, ma seule « étreinte » protectrice, au sens figuré, avait été la pièce sous terre. Quand j'y étais seule, que j'avais assez à manger et savais que le ravisseur ne descendrait pas pendant peut-être deux ou trois jours, parce que c'était le week-end et que sa mère se trouvait en haut, dans la maison. C'étaient des moments où je pouvais être moi-même, où je n'avais rien à craindre et me sentais en sûreté.

Je m'imaginais alors souvent l'instant des retrouvailles. Le mieux aurait été quelque part dans une galaxie lointaine, ou dans une clairière isolée, ou encore sur un bateau, avec tous les gens qui comptaient pour moi, mais loin au milieu d'un lac, inaccessible aux autres. Nous aurions assez à manger et à boire, et ne retournerions vers la rive que lorsque nous y serions prêts.

Dans la réalité, nous nous sommes retrouvés entourés d'inconnus, de policiers et d'autres personnes, et nous sommes sentis si étrangers l'un à l'autre que nous ne pouvions qu'être gênés. Chaque regard, chaque geste, chaque question et chaque réponse a été enregistré. Tous s'attendaient que nous devenions instantanément une famille heureuse – mais nous ne l'étions en cet instant que parce qu'une épreuve terrible venait de prendre fin. Nous n'étions pas une famille heureuse à la Rosamunde Pilcher, chez qui un seul événement suffit à combler les gouffres creusés par les années. Bien sûr, cela aurait fait un beau titre de première page : « Koch et Sirny[1] tombent dans les bras l'un de l'autre, leur enfant enfin retrouvé entre eux. Vont-ils finalement se marier ? » Ils n'ont jamais été mariés, une tare de plus, « une vie pas comme il faut » ; rien que nos noms de famille différents provoquaient souvent la confusion.

D'une certaine manière, nous sommes restés les mêmes, avec tous nos bons et nos mauvais côtés, les histoires personnelles que mes parents portaient, et cette nouvelle histoire, la mienne, qui jette une sorte d'ombre sur tout le reste. Une histoire dont ni mes parents, ni les policiers qui nous entouraient, ni moi-même ne pouvions à cet instant saisir l'ampleur. Ce qui les avait séparés dans le passé les séparait toujours. Comment aurait-il pu en être autrement, à l'unique exception de ce grand moment des retrouvailles ?

Il s'était passé trop de choses, surtout entre eux deux. Quiconque se souvient des articles de journaux publiés à l'époque de ma captivité le sait encore. Mon père avait contacté des journalistes qui avaient d'abord décrit ma mère comme une « mauvaise mère battant sa fille », puis comme une « meurtrière

---

1. La mère de Natascha Kampusch s'appelle Brigitta Sirny-Kampusch, son père Ludwig Koch. *(N.d.T.)*

potentielle ». C'est précisément contre ce genre d'accusations sans fondement que ma mère avait fini par saisir la justice, avec succès. Lorsque des détectives avaient annoncé savoir où je me trouvais, moi ou mon cadavre, mon père avait exigé des enquêtes, et il s'était même fait filmer par une équipe de télévision quand, en compagnie de ces fameux détectives, il avait examiné une mare, qu'on avait finalement asséchée. En vain, évidemment, mais avec un taux d'audience en rapport.

Mon père était une proie de choix pour les médias. Très vite, il a endossé le rôle de l'homme solitaire et abandonné qui menait l'enquête lui-même, faisait imprimer et placarder des milliers d'affiches, tandis que le reste de la famille semblait se désintéresser de l'affaire. Plus tard, j'ai dit dans une interview qu'il était très immature. Aujourd'hui, je ne le jugerais plus aussi durement ; je parlerais plutôt d'une certaine naïveté, d'une manière pas toujours très heureuse de choisir ses interlocuteurs, de formulations maladroites. Après mon évasion, il lui est arrivé plus d'une fois d'appeler mes avocats d'un ton penaud : « J'ai fait une connerie... Vous pouvez encore arranger ça ? » Plein de bonne foi, il avait fait des déclarations dont il pensait qu'elles pourraient m'aider, avec pour tout résultat des gros titres du style « Koch met en doute les déclarations de sa fille et exige des enquêtes supplémentaires pour que toute la lumière soit enfin faite ».

Pendant ma captivité aussi, il s'est mis dans le pétrin plus d'une fois, cramponné à la certitude que je n'étais pas morte, qu'il fallait encore tout mettre en œuvre pour me retrouver. Dans sa détresse et son chagrin, il s'est en plus laissé monter contre ma mère et joint à ceux qui la rendaient responsable de tout.

Ma mère, en revanche, a parlé à d'autres médias, ceux qui ne voyaient en mon père qu'un « imbécile » obnubilé par des enquêteurs douteux et persuadé qu'elle tirait les ficelles. Un alcoolique qui fumait comme un pompier, n'avait jamais rien fait de sa vie et se mettait désormais en scène en se servant de l'histoire de sa fille. La réplique ne se faisait jamais attendre longtemps. Souvent, elle jouait sur le fait que ma mère ne cadrait pas avec l'image d'une mère en larmes, endeuillée, ce qui la rendait suspecte. Pourtant, sa vie entière était chamboulée ; rien n'était plus comme avant. Plus de vraies fêtes de famille, plus de Noël traditionnels, parce qu'il manquait quelqu'un. Ma mère s'est retirée, s'assommant de travail pour éviter de penser en permanence à sa perte ; durant les premières années, elle n'a pas vraiment souhaité la présence de qui que ce soit auprès d'elle. Je suis incapable d'exprimer ce que ces soupçons ont dû provoquer en elle.

J'essaie tout de même – j'ai dit un jour dans une interview quelque chose qui se rapportait sur le moment à ma propre situation, mais qu'on peut tout autant appliquer à la sienne : « J'avais parfois l'impression d'être du gibier. Quand il quitte son nid protecteur, l'animal ne le fait pas en prévoyant de devenir une proie. Il n'en devient une que lorsqu'il est poursuivi et déchiqueté par une meute. Il est d'abord victime, puis objet. Et quand un animal est blessé pendant la chasse, il ne s'arrête pas en pleine fuite pour lécher ses plaies. Il ne le fait qu'une fois regagnée la sécurité de son terrier. »

À l'époque, j'ai dit cela quand on a critiqué ma supposée force de caractère et le fait qu'on ne me voie pas pleurer devant les caméras ou les appareils photo. Est-ce l'apparence qu'est censée avoir une victime traumatisée ? Une mère traumatisée ?

Mon père affrontait sa tristesse autrement, sans éprouver aucune difficulté à afficher ses sentiments en public. Ma mère, avec son attitude très contrôlée, ne le pouvait ou ne le voulait pas. Qui aura l'audace de juger quel comportement est le bon face à une telle perte ? Qui, ici, a plus souffert, ou a même quelque chose à cacher, parce qu'il ne s'est pas effondré sous les yeux du monde ?

Avec leurs réactions si différentes à mon enlèvement, tous deux offraient une surface de projection aux psychologues amateurs. Au bout du compte, personne ne peut mesurer ce qui s'est réellement passé en eux à cette époque, l'intensité du choc, et la force avec laquelle ce choc résonne encore aujourd'hui. Bien sûr, leur souffrance est différente de celle que j'ai endurée, mais des deux côtés, nous avons dû assumer une perte : mes parents celles de leur petite fille, sans aucune assurance qu'elle vivait encore. Et moi celle de ma liberté, liée à la forte probabilité de ne jamais revoir mes parents, sans même parler de mes grands-parents, à l'époque déjà âgés de plus de soixante-dix ans. Voilà une des premières questions que j'ai posées à ma mère lors de nos retrouvailles : mes grands-parents étaient-ils toujours en vie ? J'ai été triste d'apprendre que ma grand-mère préférée, celle avec qui j'avais toujours eu une relation privilégiée, était décédée depuis deux ans déjà.

Ma famille entière souffre aujourd'hui encore de ce qui s'est passé. Même s'ils ont retrouvé leur vie et que tout, jusqu'à un certain point, s'est normalisé, chacun, y compris mes neveux et mes nièces, a subi un lourd dommage. Je ne parle pas de troubles graves de la personnalité, bien entendu, mais d'une tristesse profonde qu'ils portent en eux et qui ne disparaît pas. Cette tristesse prend ses racines dans mon enlèvement. Et si cette ombre continue à planer au-dessus de nous tous, c'est en grande partie parce qu'on ne cesse de tout retourner, encore et toujours.

*

Pendant ma captivité, je ne savais rien de tout ça. Pourtant, cela a en quelque sorte constitué le bruit de fond de nos premières rencontres, après ma fuite.

Dans la voiture qui l'emmenait à Vienne et au commissariat central, ma mère a bombardé les policiers de questions : « A-t-elle des cicatrices ? Est-elle blessée ? Est-ce que je vais la reconnaître ? »

Nous nous sommes tous reconnus, mais il nous a fallu du temps pour admettre qu'il serait très difficile de vraiment combler le vide creusé par toutes ces années. Nous n'avons pas eu le loisir de nous rapprocher progressivement, en douceur. Mes retrouvailles avec ma mère ont été étalées dans les médias. Je lui ai par exemple dit : « Je sais que tu n'as pas voulu que ça se passe comme ça », et certains théoriciens du complot se sont servis de cette simple phrase pour appuyer leur thèse que ma mère devait forcément être de mèche avec le ravisseur. Pourtant, je ne faisais référence qu'à notre dernière matinée, où nous nous étions quittées sans nous être réconciliées. Personne ne peut mesurer la souffrance que cette scène a infligée à ma mère. La petite phrase qu'elle lançait toujours dans ce type de disputes (« on ne sait pas si on se reverra ») a dû lui faire l'effet d'une sombre prophétie.

Elle qui avait si longtemps pleuré son enfant ne voulait bien sûr qu'une chose : m'emmener chez elle pour que nous puissions reprendre là où nous nous étions arrêtées. Les photographies encadrées devant lesquelles elle avait passé des heures avec ma grand-mère, près desquelles elle allumait chaque année une bougie à la date de mon anniversaire, étaient des photos de la petite Natascha. Soudain, une tout autre personne se tenait devant elle. On doit éprouver une sensation comparable en revenant après des années sur une petite plage idyllique pour la découvrir couverte d'immenses hôtels.

Nous n'avons pas suivi le développement classique que connaissent d'autres mères et filles durant la puberté. Pas de rituels, pas de déplacement de la relation à un niveau différent. Pas de formes de comportement qui auraient grandi avec nous. Chacune de nous n'avait de l'autre que l'image qu'elle s'en faisait. De même, pour mes deux sœurs, j'étais restée « la petite ». Ma grand-mère a été la seule pour qui ce trou dans mon « CV » n'a joué aucun rôle. La génération précédente occupe en effet toujours une position différente, et elle-même avait de toute façon une place très particulière dans ma vie.

Au cours des premières semaines suivant ma fuite, je n'étais pas certaine qu'il soit bon d'avoir un contact direct très étroit avec ma famille. J'ai déjà dit que les médecins avaient leur propre idée sur le sujet. J'avais besoin de recul par rapport à tout, mais en même temps je ne voulais heurter personne. Les membres de ma famille avaient été les seuls à ne jamais m'abandonner, même si le ravisseur m'avait continuellement raconté le contraire. Pourtant, j'étais dépassée : après n'avoir eu pendant des années qu'une personne de référence, je devais désormais m'adapter à un grand nombre de gens, qui avaient tous des besoins et des intérêts différents.

Le 16 septembre 2006, j'ai écrit dans mon journal intime :

Réunion de famille !
On doit parler de mon avenir. Je remarque de plus en plus que je suis encore étrangère à ma mère, c'est compréhensible. Il y a une part de moi/en moi qu'elle n'a pas encore surmontée. Elle erre, un peu perdue, entre la familiarité qui la lie à l'enfant de jadis, celle qu'on voudrait prendre dans ses bras, et sa fille d'aujourd'hui. C'est en fait la même chose pour moi. Mais dans l'autre sens.

Je pense que cela décrit bien la situation dans laquelle nous nous trouvions à l'époque. Impossible de remonter le temps et de prétendre que rien n'était arrivé. Alors qu'eux espéraient pouvoir me dorloter comme un père et une mère, je refusais de passer d'une dépendance à une autre. J'avais besoin de temps avant de pouvoir de nouveau permettre une telle proximité. De plus, dès mon enfance, je m'étais imaginé avec force détails la vie bien à moi que je mènerais une fois devenue majeure. Ce rêve me paraît d'autant plus compréhensible après toutes ces années passées dans un état de dépendance absolue.

Le fait que j'aie préféré, pour quelques raisons que ce soit, ne pas me réinstaller sur-le-champ dans mon ancienne chambre d'enfant, mais passer de l'hôpital au foyer de religieuses, puis à mon propre appartement, a été très sévèrement jugé. Les médias se demandaient si nous nous téléphonions (oui, et même régulièrement), à quelle fréquence nous nous voyions (et vous, à quel rythme voyez-vous vos parents ?), et dans quel contexte. Si mon père était là, ou pas, et sinon, pourquoi. La plupart des articles sous-entendaient qu'il était le seul à s'être lancé dans une quête acharnée de toute la vérité et qu'il continuait à le faire après ma libération, ce pour quoi moi-même et le reste de la famille le punissions en le rejetant. On attisait ainsi encore un peu plus le conflit opposant mes parents, qui s'était enflammé pendant ma captivité.

Sous les feux des projecteurs, nous avons tenté de reconstruire une vie de famille qui n'existait déjà plus avant mon enlèvement. Le fait que je voie mon père, ma mère, mes neveux et nièces ou les autres membres de ma famille tous les deux jours, tous les quinze jours ou tous les deux ans n'a rien à voir avec ma captivité.

On a imposé des attentes non seulement à moi, mais aussi à mes parents : ils devaient être ainsi et pas autrement. Eux aussi devaient correspondre à une image et fonctionner – ce qu'ils n'ont pas fait, sur divers plans. Avant mon enlèvement, ils étaient déjà des êtres humains dotés d'une personnalité, ils avaient un passé. On ne pouvait pas simplement appliquer sur tout cela un flou artistique qui arrangerait les choses. Le fait que cela même soit impossible a fait germer les conclusions en rapport.

Après mon évasion, la presse a encore accentué l'image de caricature dont elle affublait déjà mon père depuis des années. Une petite bande dessinée le montre ainsi bondissant tel Picsou au milieu de sacs d'argent et de pièces d'or en me disant : « Génial ! Il suffit de t'enfermer huit ans et demi à la cave, et hop, le pactole ! »

Quand ma mère, un an après ma fuite, a écrit un livre dans lequel elle décrivait les années de désespoir endurées pendant ma captivité, les lettres de lecteurs et les commentaires sur Internet ont pris cette teneur : « Qui était le plus malheureux de vous deux ? » ou encore : « Dommage que ta mère écrive un livre vite fait et le sorte avant toi. Tu pourrais le lui interdire et en tirer encore une petite fortune, non ? C'est bien de ça qu'il s'agit ? »

La sortie de ce livre a vraiment été difficile pour moi, notamment parce que ma mère y relatait certaines choses que je lui avais confiées, par exemple les adieux que j'avais faits au ravisseur, près de son cercueil. Je lui avais dit un jour : « Un jour, je danserai sur ta tombe. » Je n'ai évidemment rien fait de tel, j'ai plutôt ressenti une forme de satisfaction, une sorte de victoire : j'ai survécu à tout ce cauchemar, et pas toi.

Je ne voulais pas que ma visite à la morgue soit rendue publique, car les personnes extérieures auraient forcément du mal à comprendre ce geste. Il est plus facile d'écrire un article sur le « deuil étrange et perturbant » de la victime envers son ravisseur que sur la complexité de la situation : pendant des années, je n'ai eu qu'une personne de référence, à qui j'étais livrée pour ainsi dire pieds et poings liés, et avec qui j'étais bien obligée de m'arranger. Il est impossible d'effacer ainsi de sa mémoire une personne avec qui on a vécu huit ans et demi, quelles que soient les circonstances. J'avais passé presque autant de temps avec lui qu'avec ma famille auparavant.

J'ai tenté d'esquisser brièvement cette forme de vie commune et ma réaction à sa mort dans ma « lettre à l'opinion publique internationale » : « Il m'a mise sur un piédestal tout en me foulant aux pieds. Il faisait partie de ma vie, et je porte donc son deuil, en quelque sorte. » Par ma fuite, je me suis non seulement libérée de mon tortionnaire, mais aussi d'une personne qui, par la force des choses, m'était devenue proche.

Aujourd'hui, je saisis un peu mieux que ce ne soit pas si facile à comprendre : une fois de plus, il faudrait pour cela repenser les catégories rigides du Bien et du Mal, et s'assouplir. Faire descendre le ravisseur des hauteurs de la monstruosité et de l'inhumanité ; lui rendre un morceau d'humanité. Pendant des années, j'ai essayé. En le considérant comme un être humain, avec un côté très sombre mais aussi un autre un peu plus clair, je pouvais moi-même rester humaine. J'ai pu, j'ai dû lui pardonner ce qu'il m'avait fait, pour ne pas être dévorée par la haine et la colère.

L'opinion publique en était incapable et ne pouvait donc pas non plus être confrontée à mon comportement sans porter de jugement. À ses yeux, cela constituait plutôt une preuve supplémentaire que tout ça ne pouvait pas avoir été si grave, que j'étais peut-être même restée avec lui de mon plein gré – n'avais-je pas déjà eu plus tôt d'autres possibilités de m'enfuir ?

Toutes ces réflexions furent une nouvelle fois « réchauffées » à ce moment-là. Après la présentation du livre, on m'a demandé ce que je pensais du fait que ma mère monnaye « mon histoire ». J'ai répondu : « Si elle souhaite livrer cela au public, qu'elle le fasse. À sa place, je me comporterais différemment, mais chacun agit en pleine conscience et décide de ce qui est justifiable ou opportun d'un point de vue éthique et moral. » Ces propos ont pu paraître durs, imprégnés qu'ils étaient de ma déception : le livre décrivait de nombreux épisodes de notre nouveau quotidien qui, à mes yeux, ne regardaient personne. Des malentendus qui démontraient le mal que nous avions à comprendre les pensées et le comportement l'une de l'autre. L'histoire des vêtements, par exemple : elle ne comprenait pas que je puisse conserver les quelques « haillons » du cachot, pourquoi je ne les jetais pas ou, encore mieux, ne les brûlais pas, comme si cela aurait suffi à éliminer un mauvais souvenir. Durant ma captivité, les objets m'ont apporté beaucoup de réconfort. N'ayant que peu d'occasions de me réjouir, j'avais appris à reconnaître la grandeur des petites choses. Les quelques T-shirts et chaussettes que je possédais m'avaient aussi tenu chaud et étaient donc pour moi chargés d'une signification positive.

Même si j'étais critique sur certains points, ma mère avait accumulé tant de sentiments au fil des années qu'il a fallu que « ça sorte ». Elle a elle-même choisi sa forme d'expression, mais nous avons dû supporter toutes les deux le risque qui y était lié.

Certains détails du livre ont fait l'objet d'autres articles de journaux et de blogs destinés à diffamer et à humilier. La presse se demandait si mon père allait entamer une action en justice contre le livre, dans lequel il n'était pas présenté sous un jour particulièrement positif. On parlait d'une rupture définitive entre mes parents et moi, tout autant que d'une réconciliation larmoyante. Noir ou blanc, il ne semble exister aucune nuance entre les deux.

Durant les premières années suivant ma fuite, nous nous sommes régulièrement retrouvés dans la ferme proche de Mariazell pour faire la fête ensemble. Il nous a fallu du temps pour nous rapprocher, nous détendre, y compris dans notre réaction à la manière dont on nous représentait.

Désormais, nous avons trouvé un très bon niveau de communication ; je cuisine et couds régulièrement avec ma mère, nous allons ensemble faire des courses ou manger au restaurant, nous voyons mes sœurs et leurs enfants. Entre mon père et moi aussi, tout s'est apaisé.

Sans doute aurions-nous pu effacer plus vite la distance qui nous séparait si les commentateurs, blogueurs, analystes et autres caricaturistes n'avaient pas laissé un tel champ de ruines derrière eux.

« Va donc danser ! »

Le combat pour la normalité

> *Tout le monde m'a dit d'aller en boîte, de rencontrer des jeunes, comme si c'était la solution à tous les problèmes. Évidemment, ça n'a pas marché ; c'était un peu comme de « jouer à l'ado ». Me balader à travers la région, un brin de paille à la bouche, et faire ce que font les jeunes.*

Après ce bref interlude au foyer de religieuses, je me suis temporairement installée chez ma mère, jusqu'à trouver mon propre appartement. Je ne m'étais pas imaginé grand-chose et n'avais que peu d'exigences pour mon nouveau logement : qu'il soit clair, avec aussi peu de cloisons que possible et beaucoup de vitres, en aucun cas en sous-sol mais plutôt très en hauteur – une chambre avec vue, avec perspective, pour ainsi dire.

Après ma décision consciente de me libérer de mon statut de « patiente-cobaye », la cellule de soutien chargée de m'accompagner sur mon nouveau chemin a soudain fondu comme neige au soleil. Ses membres restants (les représentants du cabinet d'avocats et un travailleur social) se sont trouvés confrontés à la tâche ingrate de chercher un appartement « pour X ». Bien entendu, le propriétaire a ensuite été informé de l'identité de sa locataire, mais nous ne voulions pas le crier dès le début sur tous les toits. L'appartement devait avoir un loyer abordable à long terme, car personne ne savait si et quand je pourrais être indépendante financièrement, si je pourrais jamais exercer un métier, ni comment les choses allaient se développer. Comme l'enlèvement avait eu lieu sur le chemin de l'école, on m'a accordé une petite pension. De plus, l'ORF avait ouvert après l'interview un compte en banque sur lequel ont été versés les droits des ventes internationales de retransmission, ainsi que les dons du public. Je ne voulais toutefois pas toucher à cet argent, dont je voulais plutôt me servir pour aider les autres. L'idée de départ, créer une fondation, n'a malheureusement pas pu être mise en œuvre, l'apport nécessaire n'ayant pas été atteint. L'argent est donc resté à la banque jusqu'à ce que je puisse l'employer de manière utile.

Le jour de ma libération, ma « fortune » personnelle s'élevait à 416 euros. Le ravisseur me donnait au début 10 schillings[1] d'argent de poche par semaine, qu'il a ensuite généreusement arrondis à 1 euro. À l'époque, je trouvais ça plutôt ridicule, y voyant une tentative maladroite d'établir une relation d'adulte à enfant normale alors même que rien n'était normal et que je ne pouvais pas, comme d'autres enfants, aller m'acheter un rouleau de réglisse avec cet argent. Je l'ai conservé pendant toutes ces années dans la boîte en plastique où j'avais aussi placé mon passeport.

À part les quelques vêtements du cachot, je ne possédais rien : brosse à dents, produits cosmétiques, jupe ou manteau, j'ai dû tout acheter. Je demandais à tout le monde, autour de moi, quel dentifrice il ou elle employait et, à la droguerie, je retournais tous les emballages des dizaines de fois, lisant très attentivement la liste des ingrédients. Il me fallait parfois des heures pour me décider. J'observais chaque vêtement sous toutes les coutures, en contrôlais la qualité et l'utilité, pour finalement décider qu'il était trop cher. Je n'avais aucune notion des prix et préférais reposer les articles plutôt que de commettre une erreur. Quand j'étais petite, je portais en général ce que ma mère cousait pour moi ou m'achetait en boutique, parce qu'elle aimait me voir bien habillée ; par la suite, je n'ai de toute façon plus eu que les quelques affaires que m'apportait le ravisseur.

---

1. Avant l'introduction de l'euro, le schilling avait cours en Autriche. 1 euro = 13,7603 schillings. *(N.d.T.)*

J'ignorais totalement, par exemple, où acheter le manteau d'hiver dont j'aurais besoin quelques mois plus tard. Les nombreux magasins de la zone piétonne, avec leur surabondance de marchandises, me déboussolaient complètement. Je n'aimais pas non plus enfiler des vêtements dans les cabines d'essayage : dans les grands miroirs, à la lumière crue des néons, je ne voyais que trop clairement les séquelles physiques de la captivité. Quand je ressortais de la cabine, les vendeuses me scrutaient, les clients se figeaient et chuchotaient : « Hé, regarde, c'est la Kampusch ! » Certains sortaient leurs portables pour me photographier, me demandaient un autographe, ou passaient devant moi en lançant à haute et intelligible voix une des blagues qui couraient sur mon compte : « C'est donc ça, une première main qui a dormi au garage, ha ha. » Effrayée, je retournais vite dans la cabine.

C'est aussi pour ne plus m'exposer à ce genre de situations que je me suis mise à coudre beaucoup de vêtements moi-même. Ma mère m'avait appris les bases : comment reporter un patron sur le tissu, combien faire de rabats, quels points employer, etc. Coudre ou feuilleter ensemble des magazines spécialisés était devenu notre meilleur moyen d'effacer la distance créée par la longue séparation. En ce domaine, elle était la maîtresse et moi l'élève. Nous nous disputions plutôt quand nous faisions la cuisine. Elle me considérait toujours comme l'enfant pour qui elle avait préparé un sandwich à emporter à l'école, le déjeuner ou le dîner. Je me souviens encore bien d'une « démonstration de pâtisserie » à l'hôpital général de Vienne. Je tenais à confectionner un gâteau pour l'anniversaire de mon neveu. Le personnel de la clinique disposait d'une petite cuisine que j'avais le droit d'utiliser, et j'avais demandé à ma mère d'acheter les ingrédients et de me les apporter. J'avais prévu de faire un fond de tarte en pâte à choux pour le recouvrir de fruits en gelée. Quelques infirmières et ma mère, regroupées autour de moi, ont tout commenté. D'où vient la recette ? Quand tu fais un gâteau, tu dois respecter les quantités au gramme près, sinon ça ne marche pas. Pourquoi est-ce que tu ne prépares pas un fond en pâte biscuit, ou en pâte à tarte normal ? Et comment se fait-il que tu saches faire des gâteaux, d'ailleurs ?

Je me suis forcée à rester patiente, mélangeant aussi calmement que possible l'eau et le lait, le beurre et un peu de sucre dans une casserole que j'ai ensuite mise sur le feu. Quand le liquide s'est mis à bouillonner, j'ai ajouté progressivement la farine, en tournant sans arrêt. Une des infirmières a lancé qu'elle n'avait encore jamais vu faire une pâte à gâteau dans une casserole. Avant de mettre le tout au four, j'ai ajouté les œufs, puis je me suis occupée de la garniture : j'ai mélangé les fruits en boîte, les ai réchauffés et y ai ajouté la gélatine. « Attention, Natascha, tu dois encore faire ci et ça, sinon ça va s'agglutiner. » Le calme n'est revenu que quand je les ai priées d'attendre, précisant que je savais ce que je faisais. Les regards sceptiques, eux, n'ont pas disparu. Quand la pâte à choux a été finie, je l'ai laissée brièvement refroidir, puis j'ai versé dessus l'appareil de fruits, qui avait épaissi.

Certes, d'un point de vue purement esthétique, le résultat aurait pu être encore amélioré, mais c'était mon premier gâteau en liberté, et je l'ai donc vraiment savouré, tout comme mon neveu, d'ailleurs. Ma mère, qui est toujours très critique, m'a même complimentée. Apparemment, j'avais malgré tout intégré quelques bribes de la tradition pâtissière familiale.

Depuis ce jour, j'ai fait un nombre incalculable de gâteaux et, sauf lors d'une expérimentation malheureuse avec l'édulcorant naturel Stevia, personne ne s'est jamais plaint du résultat. Dans mon cercle d'amis, on me taquine parfois sur mes qualités de ménagère et quand, avant Noël, je passe des jours à préparer des biscuits[1], on me dit souvent : « On dirait ma grand-mère. » De fait, je connais de nombreuses astuces « de grand-mère » pour faire partir les taches ou teindre le tissu avec des produits naturels ; cela semble peut-être un peu hors du temps, mais c'est aussi comme ça que je me sens, parfois. Ni jeune ni vieille, je flotte entre les âges.

Le travail manuel me plaît particulièrement, parce qu'il me calme et me permet de laisser libre cours à ma créativité. Je conçois aussi des accessoires tels

---

1. Tradition toujours très en vogue en Autriche et en Allemagne. *(N.d.T.)*

que des bijoux et des sacs, une activité que j'avais déjà commencée en captivité avec du fil à crocheter demandé à mon ravisseur pour Noël. Je possède toujours certaines des pochettes que j'ai réalisées au crochet à l'époque.

Dans mon enfance déjà, bricoler ou dessiner était une manière de me retirer dans mon propre univers, quand j'avais l'impression de ne pas trouver ma place dans le monde extérieur. Au cachot, j'avais besoin d'images de mon univers et de l'ancien, que je pouvais opposer à la réalité. J'ai décoré de dessins au fusain les lattes de bois à rainures qui tapissaient les murs du cachot, plus tard remplacées par des panneaux de Placoplatre. Sur la porte, j'ai dessiné une poignée, celle de l'appartement de ma mère, et à côté, la petite commode du palier. Quand, étendue sur ma couchette, j'ouvrais les yeux, je pouvais m'imaginer que la porte allait s'ouvrir d'un instant à l'autre, que ma mère entrerait et poserait ses clés sur la commode. J'ai dessiné sur les planches de bois l'arbre généalogique de notre famille, la Mercedes gris métallisé, des chevaux sur une pelouse fleurie. Une illusion, rien de plus. Mais quand je fixais ces images avec suffisamment d'intensité, j'avais l'impression de vraiment pouvoir sentir le parfum des fleurs.

Aujourd'hui encore, les images en général sont très importantes pour moi. Je peins à l'acrylique, à la tempera ou à l'huile, et j'adore prendre des photos. Après une de mes premières interviews, on m'a offert un petit appareil photo numérique, avec lequel j'ai tenté d'immortaliser ce nouveau monde si coloré. J'étais fascinée par les petites choses et les détails que d'autres ne trouveraient peut-être pas « dignes » d'être photographiés, des évidences de la vie de tous les jours, comme deux verres sur une table sur lesquels tombe un rayon de soleil. Désormais, l'appareil photo est aussi devenu un moyen de créer une distance, de filtrer les nombreuses impressions, de les concentrer sur un point ou un moment, de transformer quelque chose en objet pour ne plus être moi-même cet objet.

*

Pendant notre première interview, Christoph Feurstein m'a demandé quel avait été le tout premier souhait que j'avais réalisé après ma fuite. C'est la seule de ses questions qui m'ait un peu déstabilisée. J'ai jeté un coup d'œil vers ma cellule de soutien et leur ai demandé : « Quelqu'un s'en souvient ? » Au bout d'un moment, j'ai répondu : « Le principal souhait que j'ai exaucé pour moi-même, ces derniers jours, c'est justement la liberté. […] Hmm, ah oui, et je suis allée manger une glace incognito dans la Währingerstraße. » Avec un foulard sur la tête et des lunettes noires.

Manger une glace. J'y avais pensé tellement souvent, pendant ma captivité. Une cuillerée de glace, d'abord froide et ferme, puis qui fondait lentement jusqu'à ce que le goût de noisette, de vanille ou de fraise envahisse toute la bouche. Encore un jeu d'illusions ; je partais dans ces voyages gustatifs en feuilletant des prospectus publicitaires. Je choisissais une entrée, un plat, un dessert. Pendant des heures. Mais pas plus que ces images ne m'ont rempli le ventre, je n'ai jamais pu, une fois en liberté, rattraper quoi que ce soit en mangeant de la glace.

J'étais reconnaissante d'avoir désormais cette possibilité à tout moment, mais peu importe le nombre de boules de glace que j'avalerais, le goût ne serait jamais le même que celui d'une glace dégustée avec des amies, en se moquant d'un prof idiot ou en parlant de son amourette du moment. Au début, apercevoir de joyeux groupes de jeunes dans la rue ou ailleurs me donnait un coup au cœur. Aurais-je moi aussi cette chance, un jour ? Et comment définit-on l'amitié, d'ailleurs ? Il me fallait encore le comprendre. Mes derniers souvenirs d'amitié remontaient à mon enfance, bien que j'aie plutôt été une marginale et pas le pitre de la classe que tout le monde voulait pour ami. Les autres ne se joignaient à moi que quand mon père surgissait à la récréation avec une boîte de beignets frais, tout droit sortis de la boulangerie. Je heurtais souvent mon entourage, y compris les enseignants : très directe, je parlais ouvertement de ce qui me semblait être une injustice ou un mensonge. Je voulais être sincère, honnête, et ne remarquais pas toujours que cela pouvait me rendre blessante. Les adultes me réprimandaient ou me punissaient régulièrement pour cela, ce que je ne comprenais absolument pas. « Regarde ce que tu as encore fait ! » Tout cela me donnait l'impression qu'il était parfois plus facile d'entretenir un mensonge ou d'enjoliver les choses que d'affronter la vérité – comme si on devait la saupoudrer d'un peu de cannelle pour la rendre plus supportable.

Après mon évasion aussi, cette franchise m'a fait commettre un certain nombre de gaffes. À partir d'un certain âge, on devient moins malléable, quelle que soit la socialisation qu'on a reçue ; certains traits de caractère se sont consolidés depuis longtemps. Avant mon enlèvement, j'avais déjà une personnalité, une histoire plus longue que la durée de ma captivité. Les enfants parcourent le monde les yeux grands ouverts ; ils en savent plus que ne le pensent les adultes, parce qu'ils ressentent davantage des situations qu'un adulte tente d'aborder par le biais de la raison.

Le fait qu'une partie de ma personnalité ait déjà été si affermie, que je puisse m'appuyer sur un système de valeurs que j'estimais juste, m'a aidée pendant la captivité. J'étais opposée au ravisseur sur bien des points. Non par principe, comme c'est parfois le cas à la puberté, quand on cherche à se détacher de ses parents alors même que leurs opinions ne sont pas forcément dignes d'inspirer la rébellion : on monte au créneau pour se faire sa place dans le monde, se défaire d'obligations réelles ou ressenties.

On expérimente, on teste les limites, et on y gagne un sentiment de liberté.

Tout, dans son acte, était faux – rien que pour cela, j'étais en opposition avec lui. S'il disait « bleu », je pensais « rouge ». S'il s'énervait à propos d'un événement politique ou de tous ces « branquignols » qui, à l'époque d'Adolf, quand régnaient encore l'ordre et la discipline, n'auraient jamais eu voix au chapitre, je pensais : Anarchie ! Quand il se lançait dans des tirades sur l'image conservatrice qu'il avait de la femme (elle devait être travailleuse, l'attendre à la maison avec le repas, ne pas le contredire et toujours se montrer gentille et tirée à quatre épingles) et me disait : « Je suis ton roi, tu dois me servir », je m'efforçais d'accomplir le plus lentement et le plus mal possible les tâches qu'il m'imposait, même si j'étais ensuite punie. Ces tentatives de me démarquer entraînaient un autre type de victoires que celles qu'obtiendrait un adulte en négligeant une instruction donnée par une personne du même âge.

En captivité, je n'avais d'autre possibilité que de tout rapporter à moi-même. Il n'y avait là que le ravisseur, il était la seule personne à laquelle je devais m'adapter, avec qui je devais m'arranger. Au fil du temps, j'avais appris à déchiffrer son comportement, je savais que, si j'étais dépendante de lui, lui l'était aussi un peu de moi. Ainsi, avec sa personnalité dédoublée, il ne supportait pas que je garde le silence ou que je lui oppose du mépris. Un jour, pendant des travaux de rénovation, je lui ai tendu le mauvais outil ; son regard s'est brusquement empli de folie, il a été pris d'un accès de rage. Je ne l'avais encore jamais vu comme ça. Il a attrapé un sac de ciment et l'a jeté sur moi de toutes ses forces, me faisant un instant perdre l'équilibre. J'avais mal partout, les larmes me sont montées aux yeux, mais je n'ai pas voulu lui accorder ce triomphe. Je suis restée plantée là, raide comme un piquet, à le dévisager. « Allez, arrête, je suis désolé. C'était rien du tout. » Il est venu vers moi, m'a secouée par les épaules, m'a pincé la taille et a relevé les coins de ma bouche du bout des doigts. « Rigole un peu. Je suis désolé, redeviens normale, s'il te plaît. Qu'est-ce que je peux faire pour que tu redeviennes normale ? »

Après une éternité, je me suis remise en mouvement et j'ai dit : « Je veux une glace et un ourson Haribo. » Pragmatisme enfantin et tentative, par mon exigence, de rendre l'attaque plus innocente qu'elle ne l'était. À certains moments, Priklopil n'avait rien à envier à un capricieux enfant de trois ans. D'abord casser son jouet, puis se désespérer qu'il soit cassé. Mais, évidemment, il y a une différence entre recevoir des coups de pied d'un enfant de trois ans furieux et vociférant, qui détruit tout autour de lui, et subir cela d'un homme fort, mesurant 1,72 mètre.

*

J'ai décrit dans ma « lettre à l'opinion publique internationale », comme je l'ai déjà dit, la manière dont le ravisseur m'avait à la fois mise sur un piédestal et foulée aux pieds. Six mois après ma fuite, un article de journal m'a qualifiée de « reine du cachot dans la cave ». On m'y décrivait comme un être étrange, une femme douée d'une remarquable empathie mais aussi d'attitudes dominatrices. « On peut comprendre sa compassion apparemment sans bornes : elle sait vraiment jusqu'où peut aller la souffrance humaine. Mais son allure altière s'explique tout aussi facilement : après tout, pendant sa captivité, tout a tourné exclusivement autour d'elle. D'immenses efforts ont été déployés pour s'en assurer, rien que pour elle. Et sa chance a consisté à être consciente que la maîtresse, c'était elle, et non l'homme qui pensait avoir ramassé un jouet dans la rue. Elle n'a pas eu la possibilité de s'exercer à la sociabilité, n'a pu apprendre que la domination absolue, même *ex negativo*. Mais c'est bien cela qui lui a finalement permis d'éviter de se laisser bafouer[1]. »

Même si je ne me définirais absolument pas comme capable d'« attitudes altières », une chose est certaine : tous les actes du ravisseur m'étaient destinés, les coups autant que les bonbons. À sa réaction, tant qu'elle ne surgissait pas de manière totalement irrationnelle et inopinée, je pouvais déterminer s'il estimait mon comportement juste ou fautif.

---

1. http://www.welt.de/vermischtes/article704105/Die-Koenigin-aus-dem-Kellerverlies.html.

Une fois libre, j'ai eu du mal à me débarrasser de ce mécanisme. J'observais les gens et essayais d'interpréter l'expression de leur visage pour la rapporter à moi. Quand, au restaurant, un serveur était désagréable, j'en cherchais d'abord la raison en moi, sans penser qu'il s'était peut-être levé du pied gauche ou était tout simplement de nature morose. Je n'osais pas aller faire les courses toute seule car je croyais que tout le monde remarquerait à quel point je me sentais perdue. En voyant dans le métro des gens regarder fixement devant eux, plongés dans leurs pensées mais les yeux tournés vers moi par hasard, je me disais : *Big Brother is watching you.*

J'ai dû apprendre à ne pas tout rapporter systématiquement à moi, à devenir plus sereine. Et c'est précisément quand j'ai commencé à faire de grands progrès dans ce domaine, à évoluer à l'extérieur avec un peu plus de légèreté et de confiance, que se sont produits les contrecoups provoqués par de prétendues nouvelles révélations, par la réouverture de l'affaire, par les commentaires en rapport dans les médias. Je n'ai pas pu faire autrement que de prendre personnellement les réactions qui ont alors déferlé sur moi. Personne d'autre n'était plus là pour les assumer.

*

Retrouver confiance a été un long processus. Il était rare que je fasse des connaissances de manière neutre, dénuée de préjugés. Pendant une fête ou une soirée, les autres peuvent parler de leur vie tout à fait normalement : une petite histoire ici, une brève anecdote là. Au début, j'ai ressenti comme un manque le fait de ne pas pouvoir raconter grand-chose d'autre que mon histoire si particulière. Je n'avais pas de souvenirs communs avec des amies, pas de voyages avec mes parents, je n'avais que des souvenirs liés au ravisseur. Les réactions étaient extrêmes, dans un sens ou dans l'autre. Soit on me rétorquait « S'il te plaît, arrête avec ça, je ne veux rien en savoir », même si je faisais une simple remarque à la droguerie, en passant : « Ah, j'ai déjà eu ce dentifrice à la menthe, je ne l'aime pas du tout. » Ou alors on ne parlait que de ça, à l'exclusion de tout le reste.

Je suis heureuse d'avoir tout de même pu commencer à me construire une nouvelle histoire, au cours des dix dernières années. J'ai trouvé des amis qui ne me considèrent pas uniquement comme un produit du ravisseur ou ne voient pas que mes années de captivité, mais qui essaient de m'accepter avec toutes mes contradictions. Ils s'efforcent de voir en moi une personne dans son ensemble. Certains d'entre eux sont plus âgés que moi, ont eux-mêmes une histoire pleine de hauts et de bas. C'est peut-être pour ça qu'il leur est plus simple d'être en ma compagnie. Avec les gens de mon âge, j'ai eu l'impression, surtout au début, que nous étions à des années-lumière de distance. J'ai manqué toute une phase de vie qu'il m'est impossible de rattraper. J'ai vraiment essayé de sortir, de m'entourer de jeunes, de m'amuser, notamment parce que tout le monde me l'a conseillé. Je suis allée en boîte de nuit parce que j'aime la musique, j'aime danser, mais j'ai constaté que cela ne m'apportait pas grand-chose. Sans compter la fumée, l'air étouffant, le confinement. Malheureusement, l'insouciance ne se commande pas en appuyant sur un bouton. C'était d'autant moins possible que, du fait de mon enlèvement, j'étais devenue une personne publique.

Je me souviens encore très bien d'une soirée passée au Club Passage de Vienne avec plusieurs jeunes employés du cabinet d'avocats. Nous avons dansé et discuté, et quand, au bout d'un moment, j'ai voulu partir, un des jeunes hommes m'a prise dans ses bras et m'a embrassée sur la joue pour me dire au revoir. Totalement par hasard, un photographe se trouvait là aussi, qui a appuyé sur le déclencheur pile au bon moment.

Cela m'a agacée, mais la chose n'avait en soi rien de problématique. Nous nous connaissions, qu'y avait-il de mal ? Le lendemain matin, pourtant, j'ai reçu un coup de fil d'un quotidien connu. La personne au bout du fil prétendait avoir sous les yeux des photos « compromettantes ». Sans vraiment comprendre où elle voulait en venir, j'ai répondu ne pas me souvenir d'avoir fait quoi que ce soit de compromettant au cours des jours précédents. Elle a tergiversé puis m'a aussitôt assuré vouloir tout faire pour empêcher la publication de ces photos. Il me suffisait de lui accorder une interview exclusive. Refusant de céder au chantage, j'ai rejeté sa demande. Apparemment, les membres de la rédaction se sont alors dégonflés ; mes avocats avaient déjà imposé plusieurs ordonnances de référé. Les photos n'ont pas été publiées dans ce journal mais ont paru quelques jours plus tard dans un autre tabloïd sous le titre : « Son premier amour est siiii mignon – Natascha Kampusch a un petit ami. » On l'y décrivait comme un « jeune branché » avec une « coiffure à la Hugh Grant » et un pantalon qui dévoilait le « haut de son caleçon bleu foncé ».

Cette soirée entraîna par ailleurs des réflexions et commentaires critiques : qu'allait faire en boîte de nuit quelqu'un qui venait de passer huit ans et demi en captivité ? Voilà qui était blâmable, un signe de dépravation et d'absence de morale.

En une autre occasion, j'ai été invitée à la soirée célébrant la finale de « Starmania »[1]. Le centre ORF de Künglberg accueillait ce soir-là des centaines de personnes, toute cette agitation m'était pénible, et j'avais du mal à mener de brèves conversations polies avec des gens que je ne connaissais pas, mais que je pensais ne pas être autorisée à ignorer. Fatiguée et assommée par toutes ces sensations, je me suis assise un moment seule à une table, sur laquelle se trouvaient une assiette avec des restes de nourriture, de nombreux verres et des bouteilles vides. Gros titre

---

1. Équivalent autrichien de l'émission « La Nouvelle Star ». (*N.d.T.*)

du lendemain : « Natascha Kampusch et l'alcool ? Brisée par son destin ? »

Je ne bois pas d'alcool et ne suis pas du genre à passer mes nuits en boîte ou dans des bars. Mais même si c'était le cas, où serait le mal ? J'aurais bien voulu avoir le choix, pendant ma jeunesse perdue, de sortir et de profiter de la vie, d'une manière ou d'une autre. Maintenant qu'on me disait vas-y, sors, explore le monde, je n'en avais pas le droit, parce que c'était amoral ou qu'on m'inventait tout de suite une liaison ou un problème quelconque.

Le pire, c'était que les gens qui m'accompagnaient et cherchaient en fait à me protéger se retrouvaient ainsi entraînés sous les feux de l'actualité. Comment, dans de telles conditions, aurais-je pu sérieusement lier des amitiés ? Aujourd'hui encore, certaines personnes de mon entourage le plus proche ne souhaitent pas m'accompagner en ville parce qu'il est arrivé régulièrement, au café ou au restaurant, qu'on leur adresse la parole, qu'on les prenne en photo et qu'on les dévisage sans vergogne dès que j'allais aux toilettes. Ne pouvoir se retrouver que chez soi pour être laissé en paix est une limite qui m'a par moments beaucoup pesé.

Aujourd'hui, j'ai beaucoup plus de plaisir à cuisiner pour mes amis, dîner avec eux et passer à table quelques heures agréables. Mais il y a une différence entre préférer cela à une soirée dans les bars, en groupe, sans réelle discussion personnelle, et sentir qu'on n'a une fois de plus pas d'autre choix.

J'ai désormais établi ce qui me convient et ce qui ne me plaît pas, et j'en suis heureuse. Ce qui a débuté comme un retrait progressif s'est en fait révélé correspondre à mes besoins, par pur hasard. J'ai longtemps essayé d'appliquer ce que d'autres considéraient comme susceptible de m'aider ; ils devaient bien le savoir, après tout, ils disposaient de cette expérience de la vie, avaient vécu en liberté, pas comme moi. Il m'a aussi fallu du temps pour redécouvrir mes besoins et mes centres d'intérêt. Pendant des années, je n'ai pas eu de besoins. Aujourd'hui, j'ai conscience de tout cela et suis capable de prendre mes distances.

*

La seule chose que j'ai pu affirmer avec certitude après mon évasion quant à mes centres d'intérêt était que je voulais « compléter » mon éducation.

À la rentrée 2006-2007, j'ai commencé à rattraper mon certificat de fin d'enseignement obligatoire. Je comptais m'accorder trois ans pour le faire. D'une part parce que j'ignorais ce qui serait demandé lors des examens. J'oscillais entre « tu vas y arriver » et le manque de confiance en moi. À part mes quelques années d'école élémentaire, je n'avais pour base que les connaissances acquises pendant ma captivité, tirées de dictionnaires et de livres divers. J'aimais les textes informatifs sur l'altitude des montagnes, la longueur des fleuves, leur niveau d'eau, et sur la géographie en général. J'aimais aussi les statistiques et les chiffres. Les chiffres me plaisent beaucoup, je les trouve beaux. Ils ont quelque chose d'honnête, on ne peut pas les déformer comme les mots.

Le ravisseur aussi me faisait de temps en temps la classe, avec ses vieux livres d'école qu'il avait conservés. Il « ne supportait pas les idiots », comme il me l'avait dit une fois ; c'est sûrement pour cela qu'il souhaitait que je me développe intellectuellement. Mais l'enseignement qu'il me dispensait était aussi une forme d'exercice de pouvoir et de domination. Il aimait relire mes devoirs, stylo rouge à la main ; le contenu de mes rédactions d'allemand était secondaire, seule importait pour lui l'exactitude de la grammaire et de l'orthographe. Des règles, toujours des règles, qu'il fallait respecter à tout prix. Quand je commettais la même erreur plusieurs « cours » de suite, il m'insultait et me punissait. « T'es trop con pour chier », « Tu le fais exprès pour m'énerver ». Les sanctions dépendaient de son humeur, mais en général il savait exactement comment me blesser. S'il voyait un livre ouvert sur mon lit, il me coupait la lumière pour le reste de la journée. Si je lui avais parlé d'une cassette qui me plaisait, il confisquait les piles de mon walkman. Et si je lui avais demandé un verre d'eau avant la leçon parce que j'avais déjà très soif, il ne me donnait *a fortiori* plus rien à boire jusqu'au lendemain matin.

D'autre part, j'étais si avide de connaissance que je souhaitais me plonger entièrement dans chaque thème pour assimiler toutes ces nouveautés. De plus, je n'étais pas habituée à me concentrer longtemps sur un sujet, à travailler intellectuellement de manière structurée. Je voulais en savoir beaucoup trop, de préférence d'un seul coup et en détail. Je voulais disposer de la liberté de réfléchir au calme et d'adopter d'autres points de vue pour comprendre les tenants et aboutissants, plutôt que de suivre aveuglément un programme. Je ne voulais pas consommer l'instruction, mais m'en imprégner.

Le rectorat a eu l'amabilité de me permettre de rattraper mon certificat scolaire dans un collège coopératif. Chaque après-midi, une équipe d'enseignants me donnait des cours particuliers dans toutes les matières possibles. Du fait de mon âge et de ma situation particulière, on avait vite abandonné l'idée de me faire rejoindre les autres élèves sur les bancs de l'école. Il fallait les protéger, eux aussi, pas seulement moi, et ne pas bouleverser leur quotidien scolaire normal. Au début, j'en ai presque été un peu déçue, j'aurais bien voulu faire l'expérience d'être intégrée à un système scolaire normal. Mais avec le recul, je sais que c'était la bonne solution : au fil de ces années de solitude, je me suis habituée à suivre mon propre rythme et à apprendre de manière plutôt autodidacte.

J'ai été heureuse de passer l'examen avec succès. J'ai eu moins de problèmes que je ne l'avais craint avec les matières abordées, mais j'ai parfois eu tendance à me mettre des bâtons dans les roues en étant trop sévère avec moi-même. C'est sans doute une conséquence de la captivité : rien de ce que je faisais n'y était assez bon, on ne me félicitait jamais ; tout ce que j'obtenais, c'étaient des remarques sur ce que j'ignorais ou ce que je faisais de travers.

Une fois ce certificat en poche, j'ai voulu franchir l'étape suivante et passer mon bac. Une interview révéla que j'avais déjà commencé à m'y préparer ; j'aurais préféré que cela reste mon petit secret. La pression s'en est trouvée décuplée, car on s'est mis à me demander en permanence quels progrès j'avais déjà faits. J'étais heureuse de ces marques d'intérêt mais, en même temps, ces questions me mettaient mal à l'aise. J'avais l'impression de devoir rester une éternelle étudiante, coincée entre mon propre perfectionnisme et une approche exagérément prudente. Je n'ose passer à une nouvelle étape que lorsque je suis certaine de maîtriser un sujet. Je préfère me relire une énième fois que de rendre une dissertation maladroite ou un devoir de mathématiques dont je sais que la démonstration n'est pas formulée de manière tout à fait correcte. On peut facilement prendre cela pour de l'incertitude ou de l'incompétence, alors qu'il ne s'agit que d'une démarche progressive, d'un procédé détaillé, motivé par l'espoir d'obtenir ainsi un meilleur résultat.

Pour couronner le tout, le début du bac est tombé pendant une phase où je me trouvais une fois de plus massivement exposée à la curiosité collective, puisque « l'affaire Kampusch » venait d'être rouverte – avec pour seule conclusion que j'avais dit la vérité, que Priklopil avait agi seul, etc. À peine ce résultat bien connu a-t-il été rendu public que quelqu'un l'a de nouveau mis en doute, et la machinerie de la justice, des commissions, de la presse a été relancée.

J'ai dû comparaître plusieurs fois au tribunal, on m'a questionnée à répétition sur des déroulements bien précis : le ravisseur avait-il fait ceci ou cela, est-ce que je connaissais sa mère, quelle était la situation à la maison et au cachot, pourquoi avais-je écrit telle ou telle phrase dans mon journal intime, savais-je encore ce que j'avais fait tel jour de telle année ? Toutes ces déclarations ont ensuite été comparées au compte rendu de mes premières dépositions. Il n'y avait aucune divergence qui aurait pu donner de l'eau au moulin de ceux qui « cherchaient toute la vérité ». Pourtant, l'engrenage sans fin ne s'est pas arrêté et, à ce moment de ma vie, il m'a brutalement rejetée en arrière. On a de nouveau tout disséqué, j'ai été forcée de retourner à une époque que j'avais appris à supporter autrement, notamment grâce à la thérapie. La captivité s'était un peu éloignée, j'essayais de prendre ma nouvelle vie en main, et pourtant, je me retrouvais forcée d'y faire référence, de laisser cette période reprendre dans ma vie une place plus ample encore que celle qu'elle y occupait déjà. Le passé, ou notre expérience de la vie, demeure toujours une part de nous-même. À certains moments, il ressurgit plus fortement qu'à d'autres, mais la plupart du temps, il n'influence pas directement notre présent. Avec le temps, en thérapie, j'ai appris à gérer les souvenirs et les flash-backs pour ne pas les laisser me peser et me blesser en permanence, ne pas leur permettre de se dresser comme un mur infranchissable entre moi et le reste de ma vie.

À présent, je m'écrasais contre un mur reconstruit en permanence de l'extérieur. Je ne me serais jamais opposée à d'autres examens si on avait vraiment tenté de faire de nouvelles découvertes. Je ne me suis même pas braquée contre cet absurde théâtre qu'on mettait désormais en scène. Je suis restée disponible, j'ai donné les renseignements voulus, alors même qu'il n'était plus question depuis longtemps de la seule confirmation de faits ou de l'élucidation de certains points. Mon passé était devenu un décor, ou un échiquier sur lequel des dizaines de pions se repoussaient mutuellement. Mon présent, mon combat pour la normalité n'y jouaient aucun rôle.

Et c'est précisément au sein de cette réalité que je voulais essayer d'obtenir mon bac. Quand on me demandait une fois de plus si je l'avais déjà en poche et si j'envisageais de me lancer dans des études, je me sentais comme un jongleur qui essaie pour la première fois de jongler en public avec cinq balles. Soudain, toutes les balles lui échappent, alors que chez lui, il y arrive à la perfection. Et même si je savais qu'en fait je n'avais laissé tomber aucune balle, il devait sembler aux téléspectateurs ou aux lecteurs que j'avais échoué, parce que je ne cessais de répondre que j'y travaillais encore.

Tout ce tumulte m'a bel et bien paralysée pendant un certain temps, la morosité et le stress ont fait monter en moi une peur panique de l'examen. Depuis, j'ai passé les premières épreuves avec succès, notamment en art ; j'ignore encore quand je passerai les autres. Je suis reconnaissante de disposer aujourd'hui de nombreuses possibilités, de pouvoir emprunter plusieurs voies et me développer. Pour moi, le chemin suivi est déterminant. La vie conduit à bien des embranchements, et je souhaite avoir la liberté de toujours pouvoir décider de la direction que je suivrai. Si c'est celle des études, formidable. Si c'est autre chose, très bien aussi. Dans notre société si obsédée par la performance, cela peut paraître versatile ou hasardeux, mais je vois cela un peu différemment. J'ai récemment dit à une amie que j'aimerais avoir dans ma vie une énorme aiguille auxiliaire sur laquelle, comme au tricot, je laisserais reposer quelques mailles pour les reprendre dès que je saurais comment le motif se poursuit.

Freinée dans mon élan

La difficile recherche d'une mission

> *Peut-être est-ce surprenant, dans un cas comme le mien, de développer aussi rapidement l'esprit d'initiative et de vouloir foncer et se donner au maximum. Cela n'a souvent pas été compris, mais je suis comme ça, c'est tout. J'ai décidé de prendre la vie à bras-le-corps. D'autres auraient peut-être cherché refuge dans leur famille, versé beaucoup de larmes. Nous ne sommes pas tous pareils, et tous les chemins pour assumer son passé et vivre sa vie devraient être légitimes. En principe, les gens devraient être contents pour moi que je m'investisse à présent dans quelque chose d'intéressant.*

Il m'a fallu du temps pour arriver à cette « conclusion ». Trop souvent, je me suis laissé détourner de ma vie par des avis extérieurs. Parfois aussi, ceux qui m'entouraient étaient dépassés tant je débordais d'idées, qu'il fallait trier et orienter dans un sens qui leur paraisse pertinent ou simplement réaliste. Je me souviens d'une discussion houleuse, où l'on m'a seriné que ça n'allait pas… parce que… et parce que. Une activité caritative, d'accord, mais à condition que ce soit dans une « institution adaptée ». Pour les autres secteurs, j'étais « grillée », selon eux. Mais cela ne me convenait pas. J'étais déjà « l'experte en victimes » qu'on sollicitait dès qu'un cas d'abus ou un crime comparable à celui que j'avais vécu était découvert quelque part. Cependant, rien n'est comparable : chaque cas est différent, chaque personne concernée est différente, chaque coupable est différent. Je n'aurais pas la prétention d'en juger de l'extérieur.

En outre, je refusais d'être cantonnée dans mon statut de victime, je voulais porter autre chose. Donner du courage. Être un modèle pour d'autres, en leur montrant que l'on peut prendre sa vie en main. Que l'on peut aussi retirer quelque chose de positif des souffrances que l'on a subies. J'aurais voulu parler des « stratégies » qui m'ont aidée à survivre. À cet égard aussi, chacun est différent, mais certains trouveraient peut-être quelque chose d'utile à apprendre de mon expérience. Toutefois, on me demandait rarement ce genre de témoignage. Les questions tournaient plutôt autour des souffrances que j'avais endurées et, même quand on m'interrogeait sur mon avenir, on le ramenait toujours à mon passé. C'était quasi automatique, comme si je devais rivaliser avec moi-même en tentant d'opposer une « nouvelle » Natascha à « l'ancienne ».

*

Quand nous discutions de mon avenir, la phrase qui revenait toujours était : « Tu ne peux pas faire ça ; tu es trop connue. » À moitié en plaisantant, j'ai lancé un jour : « Génial, dans ce cas je peux postuler pour un job à la télé. Pour eux, ce n'est pas un obstacle d'être célèbre. »

Pendant un instant, tous se sont regardés, sidérés. Pourquoi pas, après tout ? Évidemment, je n'avais aucune expérience en la matière, si ce n'est que j'avais joué, enfant, à présenter des journaux télévisés ou des émissions sur les animaux comme « Wer will mich ? »[1], bien calée dans un fauteuil en rotin face au miroir, tenant les chats de ma mère sur les genoux. Dans le cachot, je m'amusais à mettre en scène mes propres émissions ou je reproduisais des scènes de séries telles que *Alf* et *Mariés, deux enfants*. Ou *Star Trek*. J'avais toujours été fascinée par ce feuilleton de science-fiction. Ses héros et ses héroïnes vivaient dans des galaxies lointaines et, grâce au holodeck, ils étaient capables de créer des environnements virtuels dans lesquels ils pouvaient évoluer pour de bon, pas

---

1. « Qui veut de moi ? », célèbre émission de télévision autrichienne diffusée de 1981 à 1999 sur la chaîne publique ORF et proposant des animaux abandonnés à l'adoption. *(N.d.T.)*

juste dans leur tête. En imagination, je voyageais dans d'innombrables univers, mais je rêvais de posséder les moyens techniques de me téléporter très loin de certaines situations mortellement dangereuses.

Plus tard, j'ai régulièrement suivi l'émission de radio de Peter Huemer « Im Gespräch » (« Entretien »). C'était fascinant d'entendre ses invités et lui développer et mettre en forme leur pensée. D'ailleurs, je préférais la radio à la télévision : rien n'y détourne l'attention de ce qui est dit. Pas de décors tapageurs, pas d'animateurs contraints de cabotiner pour éviter que les téléspectateurs ne zappent. D'une certaine façon, la radio est plus authentique et reste plus concentrée sur son sujet.

Cette histoire de télévision, je n'arrivais pas à me la représenter vraiment ; c'était une idée folle. En même temps, j'y voyais la possibilité d'inverser les rôles. Pour une fois, je ne serais pas l'interviewée, c'est moi qui poserais les questions que je trouverais pertinentes – en espérant aussi intéresser le téléspectateur. Je pourrais accueillir des personnes passionnantes dans le cadre d'un nouveau format qui ne se contenterait pas d'offrir une plateforme à des célébrités, mais aussi à des gens « normaux » ayant un parcours sortant de l'ordinaire.

Je suis fondamentalement quelqu'un qui s'intéresse à son interlocuteur, j'ai un sens aigu de l'observation, je réagis vite et je sais m'adapter aux changements de situation, autant de qualités que j'ai été amenée à affûter durant ma captivité. Certes. Mais cela serait-il suffisant ? Il y a tant de journalistes hautement qualifiés qui aimeraient animer un talk-show. Pourquoi me choisir, moi ?

J'avais la certitude que cela me plairait. À Barcelone, un an exactement après mon évasion, je m'étais pour la première fois glissée dans la peau de celle qui pose les questions. Pour mon premier voyage à l'étranger après ma captivité, nous étions accompagnées pendant quelques jours, ma sœur et moi, par la rédaction de *Thema*. Cette dernière n'avait pas voulu d'une conversation de studio du style « Comment allez-vous aujourd'hui, un an après ? ». Elle cherchait une approche différente, quelque chose de nouveau, qui me présente de façon un peu plus globale. Pas juste dans un dialogue en tête à tête sérieux, mais aussi dans un contexte plus léger, en train de flâner ou à la plage. Je m'y étais prêtée de bonne grâce car j'avais l'impression que je me devais, d'une certaine manière, de rassurer sur mon état actuel tous ces gens qui avaient sincèrement compati à mon sort.

Les hauts plateaux écossais ou un coin quelconque de Scandinavie auraient mieux convenu à ma peau sensible, mais Barcelone était associée dans mon esprit à toutes sortes de représentations romantiques. L'architecture organique et ondulante de Gaudí qui me rappelait les châteaux de sable dont mes camarades de classe exhibaient fièrement les photos, le jour de la rentrée. Les chaises longues sur la plage, les parasols et, derrière, la mer bleue. Je n'étais encore jamais allée à la mer. Je connaissais un peu l'Espagne par la télévision : des clichés de rues vibrantes d'animation dans lesquelles tôt ou tard quelqu'un se met à danser le flamenco tandis qu'un autre l'accompagne en chantant, des monuments somptueux témoignant de siècles passés glorieux, et bien sûr la corrida. Pour une végétarienne soucieuse de la protection des animaux telle que moi, un plaisir plutôt douteux…

Dans l'avion, je me suis familiarisée avec le plan de la ville et les guides touristiques. Nous avions un programme assez soutenu (soirée flamenco incluse !) et je ne voulais pas me contenter de trotter derrière la guide locale en me laissant bercer par ses commentaires. Je voulais être préparée. À notre arrivée, la ville offrait une physionomie très différente de ce à quoi je m'attendais. Il faisait une chaleur étouffante, le bruit était assourdissant et une chape de pollution rendait l'air quasi irrespirable. Notre hôtel à proximité des Ramblas se révéla être un vaste chantier. Le hall disparaissait sous les bâches, le sol était jonché de sacs de ciment éventrés, partout des ouvriers foraient et meulaient au point qu'on ne s'entendait pas parler. Quand, dans la chambre de l'équipe de l'ORF, le placard a déversé tout un bric-à-brac sur les pieds de celui qui venait de l'ouvrir, nous avons décidé, pour finir, de changer d'hôtel.

Le nouveau était situé près du vieux port, désormais réservé aux bateaux de croisière. D'énormes navires luxueux crachaient des flots de touristes du monde entier. Comme nous, ils déferlaient dans les étroites ruelles, puis grimpaient dans les bus panoramiques qui les conduisaient aux principaux monuments. Malheureusement, je n'ai pu voir la Sagrada Família de Gaudí que de l'extérieur, car la file devant le bâtiment laissait augurer d'une longue attente incompatible avec notre planning serré. Après le tour de la ville, nous sommes montés au parc Güell par une alternance d'escaliers et de pentes jalonnés de somptueux buissons de lauriers-roses, de palmiers, d'agaves et d'autres plantes exotiques. La rumeur de la ville n'était plus qu'un lointain bruit de fond, couvert par les cris des perroquets et le bourdonnement des abeilles et de toutes sortes d'insectes dans les fleurs.

Là non plus, bien sûr, nous n'étions pas les seuls touristes bardés d'appareils photo, mais la foule se répartissait mieux sur cet espace de quelque 17 hectares qu'en bas dans la ville. Une longue file d'attente s'était toutefois formée devant l'ancienne maison de Gaudí, qui abrite aujourd'hui un musée. Nous avons flâné dans le parc : j'étais fascinée par les constructions avec leurs toits « dégoulinant de sucre glace » et la grande esplanade bordée par une balustrade-banquette, qui invite le promeneur à la halte. Elle est entièrement habillée d'une mosaïque de petites pierres de céramique et de cristaux qui forment un collage d'éléments abstraits et de motifs figuratifs représentant des fleurs, des poissons ou des étoiles. J'aurais pu déambuler dans cet endroit des heures entières pour m'imprégner de tous ces détails exquis.

Ce que je dis va sembler kitsch, mais l'art est capable de m'émouvoir aux larmes. Pas seulement les créations forgées par la main de l'homme. L'art présent dans la nature possède une puissance esthétique encore supérieure. À la maison, je possède toute une collection de petits chefs-d'œuvre de la nature, des coquillages et des pierres que j'exhume régulièrement pour les photographier ou simplement les toucher. Ils me parlent de l'origine de la Terre et de l'apparition de la vie, et me relient aux différents âges.

Le lendemain, nous sommes sortis de la ville en voiture et, en quelques minutes, nous étions à la plage. Elle était étonnamment déserte sur la portion où nous nous trouvions ; il n'y avait même pas ces interminables rangées de chaises longues que je connaissais des photos de mes camarades d'école. L'eau était divine et il ne m'a pas fallu longtemps pour oublier que la caméra tournait. J'aurais pu rester éternellement ainsi à me laisser porter. Soudain, une voix m'a arrachée à mes pensées : « Le soleil ne va pas tarder à se coucher ; nous voulions encore faire l'interview ! »

Nous avons d'abord abordé le thème de la confiance. Est-ce que je parvenais à présent à être plus ouverte aux gens que je rencontrais ? Et comment je gérais toutes les impressions extérieures qui m'assaillaient ? Aujourd'hui encore, j'ai du mal à faire entièrement confiance. Quant aux stimuli optiques, auditifs ou olfactifs, il m'a effectivement fallu trois ans pour les tolérer. Quand j'étais assise dans le train ou en voiture, par exemple, le paysage qui défilait sous mes yeux me donnait le vertige. Je n'arrivais pas à trier les images suffisamment vite. Il en allait de même pour les voix quand de nombreuses personnes étaient réunies. Je percevais tout en même temps et, dès que je ne parvenais pas à identifier un bruit, mon pouls accélérait. Au début, je me demandais pourquoi les autres n'avaient pas ce problème. Pourquoi leurs sens n'étaient-ils pas dépassés par toutes ces sollicitations ? Comment supportaient-ils cette superposition de toutes les odeurs, du parfum et de l'après-rasage aux gaz d'échappement en passant par les effluves de nourriture ? Étaient-ils simplement insensibles ou dotés de mauvais capteurs ? Non, ils y étaient juste habitués. Il m'a fallu quelques années pour apprendre que la vie est un peu plus simple quand on est débarrassé de cette hyperesthésie que j'avais développée en captivité.

Un an après mon évasion, j'avais encore beaucoup de mal à parler du passé et même du présent, car les événements vécus alors continuaient d'interférer avec la réalité. En plein milieu de l'entretien, j'ai dû demander à Christoph Feurstein de couper la caméra, prétextant de l'eau salée dans les yeux. Il a évidemment compris la manœuvre et, après une courte pause, m'a proposé que nous poursuivions l'entretien en nous filmant mutuellement. Comme avec la photographie, la petite caméra m'a aidée à prendre un peu de recul par rapport à la situation et au contenu de notre conversation.

Puis nous nous sommes mis à échanger progressivement les rôles. L'entretien, d'abord centré sur mon histoire et ma façon de la surmonter, a évolué avec mes questions vers une discussion sur des problématiques générales de la vie que nous nous posons tous. Pour moi, Barcelone a réveillé beaucoup d'envies et replacé d'autres considérations à l'arrière-plan. Je voulais prendre ma vie en main et en faire quelque chose.

*

Ce qui avait commencé comme une lubie a été annoncé quelques mois plus tard comme un « coup médiatique ». À l'issue de discussions préliminaires et de plusieurs enregistrements tests, il avait été décidé de me confier un talk-show sur Puls 4 en 2008. La chaîne privée avait été reprise en 2007 par le groupe SevenOne, qui voulait redéfinir sa programmation et lancer de nouveaux concepts. Six émissions de quarante-cinq minutes étaient prévues, avec un invité que j'interviewerais en profondeur, sans chercher à lui arracher de révélations racoleuses ni à m'immiscer dans sa sphère intime.

Dans la phase préparatoire, il y a eu une longue réunion sur la technique de l'interview à laquelle participaient Peter Huemer et le fils du chanteur Georg Danzer. La discussion s'est prolongée de manière informelle pendant plusieurs heures, au bout desquelles tous deux m'ont vivement encouragée à tenter l'expérience. Le dispositif prévoyait une phase de pilotage de plusieurs mois durant laquelle les premiers entretiens de personnalités seraient enregistrés, tandis que je bénéficierais d'un entraînement à la prise de parole et apprendrais à « gérer de manière détendue » l'atmosphère très particulière du studio.

Les réactions de mon entourage proche ont été réservées. De leur point de vue, le fait que je souffre de ma notoriété, qu'elle me pèse déjà tant, plaidait contre cette expérience. J'espérais, pour ma part, que ce serait un tout autre sentiment de devoir ma présence dans les médias non à mon enlèvement, mais à mon travail. Je n'avais jamais voulu être célèbre de cette façon, je l'étais devenue, inévitablement, à cause des circonstances. Qu'y avait-il de mal à utiliser cette renommée pour faire quelque chose d'intéressant, pour jeter des bases sur lesquelles je puisse construire quelque chose ? Évidemment, cette vision légitime mais peut-être un peu naïve s'est retournée contre moi.

Dès l'annonce par la chaîne de la nouvelle émission, des réactions de scepticisme sont apparues dans les médias et n'ont évidemment pas laissé la rédaction indifférente. Elle a différé le début de la diffusion, alors que les premières émissions étaient déjà dans la boîte. La première a finalement eu lieu le 1er juin 2008. C'est elle qui a recueilli la meilleure audience. Un succès à mettre sans doute sur le compte de la curiosité de nombreux spectateurs qui voulaient voir comment je m'en sortais.

D'ailleurs, les commentaires sur mon entretien avec Niki Lauda n'ont porté qu'à la marge sur la manière dont je m'étais acquittée de mon travail. Point de « Très bien » ou de « Peut mieux faire » ; non, la presse a poussé un gémissement collectif : « Et maintenant, il faut encore qu'elle la ramène avec son histoire pour passer à la télé ! Est-ce qu'elle ne peut pas rester chez elle à pleurer, comme il se doit ? » En revanche, les réactions que j'ai reçues par mail ont été très différentes. Même d'Italie me sont arrivés des messages de félicitations de gens qui se réjouissaient de me voir aborder de nouveaux rivages et commencer ma propre vie.

Cependant, l'insistance de la presse autrichienne à pointer l'audience seulement « moyenne » comparée à celle de l'ORF – qui diffusait ce soir-là le thriller *Collateral* avec Tom Cruise – nous a un peu gâché le plaisir, à moi comme aux responsables de la chaîne. Après celle de Niki Lauda, les interviews de Stefan Ruzowitzky[1] et de Veronica Ferres[2] ont été diffusées. Ruzowitzky venait de recevoir l'oscar du meilleur film en langue étrangère pour *Les Faussaires*. Quant à Veronica Ferres, je l'ai rencontrée à l'hôtel Bayerischer Hof à Munich, en marge d'une manifestation pour sa fondation Power Child. Elle avait publié un livre illustré intitulé *Nein, mit Fremden geh ich nicht* (« Non, je ne pars pas avec des inconnus »).

---

1. Réalisateur et scénariste autrichien. *(N.d.T.)*
2. Actrice allemande. *(N.d.T.)*

Cette histoire était censée aider les parents à expliquer à leurs enfants comment se comporter dans des situations critiques. Concrètement, il s'agissait de conseils de prévention comme « Ne parle pas aux inconnus », « N'accepte pas de bonbons » et « Ne monte pas dans une voiture que tu ne connais pas ».

Dans mon enfance, il existait déjà des brochures similaires, éditées par la police, qui décrivaient le comportement à adopter dans ce genre de situations et mettaient en garde contre les mauvaises intentions de ces inconnus. Il était un peu étrange d'entendre sur le plateau ces conseils sûrement pertinents sur le fond mais qui n'avaient pas été d'un grand secours dans mon cas. Peut-être cette proximité thématique est-elle l'une des raisons pour lesquelles l'émission n'a pas enregistré le meilleur score des pilotes enregistrés. La faute peut-être aussi aux incursions répétées d'une femme de ménage à l'écran qui ont imposé de nombreuses coupes au montage. Exactement comme pendant l'interview de Niki Lauda, où la climatisation était horriblement bruyante et l'éclairage sans cesse à réajuster : nous étions comme des poulets à la broche, presque collés à nos tabourets par la transpiration. Mais ça allait, et les chiffres d'audience n'étaient pas si mauvais que ça, comme je l'ai dit.

En novembre 2008, nous avons discuté d'un recadrage du format. L'objectif était d'introduire quand même un peu plus de sensationnel, de séquences vidéo, que l'ensemble soit moins statique, qu'il y ait plus d'action. C'était dommage, mais c'était peut-être la bonne décision, même pour moi. Les réactions fielleuses de certains journaux ne se sont pas fait attendre : Pas étonnant qu'elle n'y arrive pas ! J'en viens parfois à penser que si j'avais acquis la notoriété grâce à mes décolletés vertigineux ou à quelque apparition osée sur Internet ou dans des émissions comme « Dschungelcamp »[1], mon arrivée aux commandes d'un programme n'aurait pas suscité pareil tollé. On aurait peut-être soupiré : Pfff, encore une starlette qui se prend pour une star ! Pourtant, ce n'est vraiment pas le cas. Les multiples célébrités que j'ai croisées dans les manifestations où j'étais invitée ne se sont pas privées de me faire comprendre que je n'étais pas des leurs. « Qu'est-ce que tu crois, tu n'as rien fait de spécial ! Nous, nous devons nous contorsionner pour être sous les feux des projecteurs, et toi, tu y arrives simplement comme ça. »

Ce « simplement comme ça », je ne l'ai pas choisi. J'avais juste l'idée naïve de renouer avec mon rêve d'enfant : être autonome et gagner ma vie. Être comédienne peut-être, écrire des livres, faire quelque chose dans le domaine des médias ou de l'art. Si je n'avais pas vécu cette histoire de captivité et que j'avais grandi « normalement », personne n'en prendrait ombrage ou n'émettrait de jugement sur ce que je fais. Il ne serait question que de mon travail et de sa qualité. Sans jugement de valeur et en toute objectivité.

---

1. Équivalent allemand de l'émission de téléréalité « Je suis une célébrité, sortez-moi de là ! » *(N.d.T.)*

D'un côté, on me reproche de me vendre et de vendre mon histoire. Pourtant, si je passe en revue les options que j'ai eues au cours des dernières années et les portes qui se sont ouvertes à moi, elles n'étaient pas nombreuses, et elles étaient toutes en rapport avec « l'affaire Kampusch ». Quelques portes m'ont été claquées au nez à cause de ça. Et lorsque je me suis de moi-même « réduite » à mon histoire, sur le mode « Je veux me la réapproprier, je veux la raconter par moi-même », on n'a pas tardé à m'en faire grief : « Et maintenant elle étale son affaire sur 284 pages et elle fait du fric avec son numéro d'auto-apitoiement ! Et qu'est-ce qui nous reste, à nous ? On paie des impôts et on se serre la ceinture, pendant que l'autre se repose sur son gros derrière et compte ses billets. Je ne crois pas un instant qu'elle ait été séquestrée, celle-là, parce que ce n'est pas possible de survivre à un truc pareil[1]. »

---

1. Commentaire posté sur Internet à l'occasion de la parution de mon livre *3 096 jours*.

3 096 jours

Mon livre devient un film

> J'aurais aimé qu'on montre davantage comment j'avais survécu. Je n'étais pas ce genre de victime. Par ailleurs, on ne voyait aucune évolution chez les deux personnages. Le film a néanmoins réveillé beaucoup de mauvais souvenirs.

En août 2006, alors qu'il regardait le journal télévisé, Bernd Eichinger a découvert qu'une fillette portée disparue en Autriche avait ressurgi après plusieurs années de captivité. À cette nouvelle, il aurait été comme frappé par la foudre. Aussitôt, il a mobilisé son staff pour collecter la moindre information sur l'affaire. Qui sait, il tenait peut-être un bon sujet de film.

Peu après mon évasion, sa société de production Constantin Film pro forma a adressé une offre pour acheter les droits. À ce stade, personne n'y pensait, moi moins que quiconque. J'étais bien assez occupée à faire mes premiers pas dans ma nouvelle vie. Je n'ai découvert l'existence de cette offre et des relances auprès de mes avocats qu'au printemps 2010, lorsqu'un accord avec Eichinger et Constantin Film est intervenu. Le tournage devait commencer en 2011 pour une sortie du film sur les écrans un an plus tard.

Je connaissais les grands films produits par Eichinger : *Moi, Christiane F., 13 ans, droguée, prostituée…*, *Le Nom de la rose*, *La Maison aux esprits*, *La Chute* ou *La Bande à Baader*. Il s'agissait toujours de films impressionnants, avec une mise en scène spectaculaire et beaucoup d'action. Mon histoire à moi était différente. Il n'y avait pas d'enchaînements de scènes rapides, les lieux de l'action se limitaient essentiellement à deux (le cachot et la maison) et le nombre des acteurs – exception faite des récits de mon enfance – à deux aussi. Moi et le ravisseur. Il y était question de pouvoir et d'abus de pouvoir, des relations entre une victime et son ravisseur, et d'une évolution assez subtile au fil de laquelle le rapport de forces déséquilibré se rééquilibrait progressivement, tandis que je développais des stratégies pour m'assurer la survie et me permettre finalement de me libérer et de survivre au ravisseur. Une matière délicate et bourrée de psychologie, malgré tous les aspects dramatiques attachés à ce cas d'enlèvement. Une pièce de théâtre intime, une lutte silencieuse et acharnée, plus qu'un film d'action à grand spectacle.

Je doutais que ce soit un sujet pour lui, tout au moins tel que je voulais le voir porté à l'écran. On ne m'avait pas demandé mon avis. À quoi bon d'ailleurs. Mes conseillers m'ont assuré que tout irait bien. Selon eux, c'était génial qu'Eichinger veuille s'attaquer au sujet, d'autant plus qu'il se chargeait du scénario et de la réalisation. L'oscar était assuré !

Je n'étais pas sûre d'avoir vraiment envie que mon histoire soit adaptée au cinéma. Le travail sur mon livre, qui devait servir de base au scénario, n'était même pas encore achevé. Et il m'avait fallu beaucoup d'énergie pendant des mois pour me replonger dans tout cela. Mon enfance, les années de captivité et la période qui avait suivi. J'avais parfois atteint les limites de ce que je pouvais endurer. Plus d'une fois, m'étant assoupie un instant sur le canapé, je m'étais réveillée en sursaut et j'avais regardé autour de moi, prise de panique, croyant être encore dans le cachot.

En même temps, j'avais envie de raconter cette histoire pour combler des lacunes et mettre un frein à tous les délires interprétatifs. Je voulais autant que possible me réapproprier mon passé, puisque je ne pouvais pas m'y soustraire. Récupérer la maîtrise sur l'interprétation de ce que j'avais vécu, mais qui m'avait échappé et n'avait cessé depuis lors d'être réinterprété et réévalué. Pour moi, ce livre constituait aussi une sorte d'écran de protection : confrontée aux mêmes sempiternelles questions, je pourrais désormais renvoyer à sa lecture, en précisant que tout y était dit et qu'il n'y avait rien à ajouter.

Malgré sa difficulté, le travail d'élaboration du livre m'a aidée à assumer mon passé et m'a effectivement permis d'être un peu mieux comprise et de ne plus avoir autant à expliquer. La marge de fantasmagories sur ma captivité s'est réduite, car les médias devaient désormais tenir compte de ma vision des faits.

Lors de la présentation du livre en septembre 2010, à Vienne, j'ai déclaré que j'espérais ainsi jeter le « lest » de mon passé par-dessus bord pour pouvoir enfin commencer ma nouvelle vie. Pendant qu'on m'installait le micro dans une pièce contiguë, une employée de la librairie m'a appris qu'environ sept cents personnes étaient là, massées sur les deux niveaux, et que la lecture-débat serait retransmise sur des écrans vidéo. Des équipes de télévision et de radio étaient arrivées de France et d'Allemagne, ainsi que de nombreux journalistes de la presse écrite.

Les personnes venues assister à la lecture avaient attendu pendant des heures entre des barrières et subi des contrôles. Le matin, le journal avait annoncé que plus de trente agents de sécurité, plusieurs détectives et une soixantaine d'employés seraient déployés pour assurer ma sécurité et un déroulement parfait de la manifestation. On craignait, non sans raison, des perturbations, car des « anti-Kampusch » avaient appelé sur Internet à des actions de ce genre.

Voilà qui n'était pas de nature à apaiser ma tension. En lisant, je n'arrêtais pas de buter sur les mots. Il s'agissait d'un passage important mais particulièrement douloureux. C'était un jour de l'année 2004, où je devais confectionner un gâteau d'après une recette de la mère de Priklopil. J'avais lu les instructions à plusieurs reprises pour ne pas commettre la moindre erreur. Il se tenait derrière moi et commentait chacun de mes gestes.

« Ma mère ne bat pas du tout les œufs comme ça. »

« Ça ne donnera rien de toute façon, je le vois déjà. »

« Fais donc attention, tu es bien trop maladroite, tu as mis de la farine partout sur le plan de travail. »

Quoi que je fasse, ce n'était pas bien ou je m'attirais de nouvelles remarques sur mon incapacité comparée à l'infaillibilité de sa mère. Après une nouvelle méchanceté, j'ai lâché : « Si ta mère est si forte, pourquoi tu ne lui demandes pas de te faire un gâteau ? »

En une seconde, il a perdu le contrôle, il a envoyé par terre le saladier avec la pâte, s'est mis à me bourrer de coups et m'a jetée contre la table de la cuisine. Puis il m'a traînée à la cave et a coupé la lumière. Pendant la journée qui a suivi, j'ai progressivement perdu le contrôle de mon corps et de mes pensées. Je souffrais de crampes, j'essayais d'apaiser la faim qui me tenaillait avec un peu d'eau, mais en vain. Je ne parvenais à penser à rien d'autre qu'à manger et je me disais que j'avais trop tiré sur la corde, et que, cette fois, il allait vraiment me laisser crever comme un chien.

J'ai commencé à délirer, à gémir, inondée de sueur dans mon lit en mezzanine. Je me croyais à bord d'un bateau en train de sombrer lentement. L'eau montait toujours plus haut. Elle était froide ; je sentais qu'elle atteignait mes jambes et mes bras, puis elle enveloppait mon torse et mon cou.

À un moment donné, j'ai entendu la voix du ravisseur, suivie d'un bruit sourd que je n'ai pas réussi à identifier.

« Tiens, voilà quelque chose ! »

Puis de nouveau le silence. Autour de moi, tout chavirait, j'avais perdu mes repères spatio-temporels depuis longtemps. Au-dessous de moi, le vide, un vide noir, sur lequel ma main se refermait inlassablement. Il m'a fallu un temps infini pour me rendre compte que j'étais sur ma mezzanine et trouver la force de chercher l'échelle et de descendre à reculons, prudemment, barreau après barreau. Arrivée au sol, je me suis mise à quatre pattes. Ma main est tombée sur un petit sac en plastique. Je l'ai déchiré avec avidité, les doigts tremblants, si maladroitement que le contenu s'en est échappé et a roulé par terre. J'ai tâtonné paniquée autour de moi, jusqu'à ce que je sente sous mes doigts quelque chose d'allongé et de frais. Une carotte ? J'ai continué de chercher, explorant chaque recoin, et j'ai fini par en ramasser une poignée, que j'ai emportée en haut dans le lit. J'ai avalé les carottes l'une après l'autre. À la fin, mon estomac grondait bruyamment et se tordait. Le ravisseur n'est reparu qu'au bout de deux jours.

« Tu seras bien sage, maintenant ? »

Quand j'ai terminé ma lecture, il n'y a pas eu un mouvement dans l'assistance. J'ai eu le sentiment que, à cet instant, les gens comprenaient qu'on peut être exposé à des formes diverses de maltraitance et de torture physique et mentale. La privation de liberté et l'enfermement constituent déjà en soi une maltraitance. Le ravisseur m'a volé du temps de vie et la perspective de mener une existence normale. La faim et les humiliations qu'il m'a fait subir ont pesé beaucoup plus lourd qu'on ne s'est plu à le croire dans l'opinion publique. Dans le panorama d'ensemble de ces huit années et demie, elles n'étaient qu'une pièce du puzzle parmi tant d'autres.

Après mon évasion, j'ai parfois eu le sentiment que la réduction de la maltraitance que j'ai subie au seul aspect de l'enfermement était une nouvelle forme de maltraitance. Car cela ramenait la stratégie globale éminemment perverse du ravisseur à la satisfaction d'une seule pulsion, laissant croire qu'il n'avait commis « que » ce seul crime à mon encontre. Alors qu'il y en avait tant d'autres, dont les effets perdurent encore.

*

J'appréhendais de devoir parler de ce genre de scènes – qui ne représentaient cependant qu'une infime partie de l'ensemble de l'histoire – avec un réalisateur inconnu ou, pire, avec toute une équipe de cinéma. Être de nouveau bombardée de questions, devoir peut-être creuser encore plus que pour le livre, alors que j'avais mes propres images en tête, cette perspective ne m'enchantait guère et je préférais l'évacuer. Avec le livre, j'avais révélé beaucoup de choses, mais j'avais également posé une frontière, dont j'espérais qu'elle serait respectée.

En 2009, la préparation d'un documentaire sur mon affaire[1] avait déjà donné lieu à de multiples questions sur ce que je n'avais peut-être pas encore raconté, mais que le public devait absolument savoir pour comprendre ce qui s'était passé pendant ces huit années et demie. Je crois que l'on ne pourra jamais le comprendre vraiment, car cette durée dépasse l'entendement. Quant au ravisseur, le seul qui pouvait nous renseigner sur ses motivations et son comportement, il s'est soustrait par son suicide à toute explication. Le fardeau de son acte incompréhensible pèse entièrement sur mes épaules. À plusieurs égards. Je vis avec ses conséquences, dont certaines d'ailleurs sont si absurdes que je ne les aurais jamais imaginées. C'est moi qui dois expliquer, alors que je ne peux rien expliquer, je dois justifier, là où il n'y a rien à justifier, je dois correspondre à une image à laquelle je ne veux pas correspondre. Cela ressemble parfois à une perversion de la phrase de Wolfgang Priklopil : « Tu n'appartiens qu'à moi. Je t'ai créée. »

---

1. Le documentaire a été diffusé en 2010 sous le titre *3 096 Tage Gefangenschaft* (« 3 096 jours de captivité »).

Bien sûr, je suis devenue une personne publique du fait de l'acte de cet homme. Mais seulement du fait de cet acte. Je ne me suis pas postée sur la place devant la cathédrale Saint-Étienne à Vienne en criant : « Regardez, me voici ! Rendez-moi célèbre, et je vous dirai tout, sans rien omettre ! » Pour comprendre ce qu'on ne peut de toute façon pas comprendre, ce que j'ai raconté est suffisant. Les journalistes ont rarement demandé à en savoir plus sur les mauvais traitements, la sous-alimentation forcée, la violence psychique et physique que j'ai subis pendant ces huit ans et demi. Dans une interview, j'ai déclaré avoir parfois l'impression que certaines parties du « public » semblaient attendre des jeux du cirque comme dans la Rome antique. Si j'étais cynique, je demanderais : Est-ce que le spectacle ne suffit pas ? Faut-il en donner encore plus ? Qu'est-ce qui serait différent s'il y en avait plus ? Pour la vie du « public », cela ne change rien. Quant aux gens qui s'en occupent un temps – policiers, juges, opinion publique –, pour eux, ce n'est qu'un cas. Une histoire à vous donner des frissons, à vous glacer le sang, que sais-je...

Je ne suis pas prête à dévoiler le moindre recoin de ma sphère la plus intime et je ne comprends pas cette insistance à l'exiger de moi. Cela ne contribuerait pas à élucider l'affaire, qui est déjà élucidée, n'en déplaise à certains cercles qui se refusent toujours à l'admettre. Cela ne contribuerait pas non plus à réévaluer la peine du ravisseur, qui s'est soustrait à son châtiment en se suicidant. Même si d'aucuns se refusent à accepter le suicide et soupçonnent un meurtre. Cela ne contribuerait pas non plus à m'aider à surmonter ces horribles années ni à modifier les comportements à mon égard. Cela servirait exclusivement à satisfaire une étrange soif, que je ne qualifierais même pas de soif de sensationnel.

Dans l'affaire Fritzl, qu'on a souvent rapprochée de la mienne par la suite, bon nombre de questions ne se posaient pas. Tout était dit. Il y avait un coupable, sur lequel l'attention s'est focalisée. Il y avait une fille, qui avait été abusée pendant des années. Une relation incestueuse contrainte dont sont issus des enfants qui devaient être protégés. *Le* sujet ne faisait pas débat : c'était évident. Personne n'avait besoin de connaître les détails.

Il existe, comme je l'ai dit, de nombreuses formes de maltraitance, il existe de la cruauté mentale, mais rien ne semble peser aussi lourd dans la balance ni exciter autant l'imagination que les abus sexuels. Pendant des années, la presse à sensation britannique ne m'a appelée que « *The Sex Slave* », l'esclave sexuelle ; et pour certains journaux de langue allemande le ravisseur était la « *Sex-Bestie* », la bête de sexe. Cet homme déséquilibré était une bête à maints égards, mais ce n'est manifestement pas encore assez. Évidemment, j'ai subi aussi des abus sexuels, mais le fait que j'en aie parlé et que je l'aie écrit n'est pas encore assez. Et ce qu'« on » comprend encore moins, c'est mon insistance à vouloir préserver l'ultime reste de ma sphère privée. Aux yeux de certaines personnes, il semble qu'il soit de mon devoir de porter à la connaissance du public le plus petit détail de mon histoire, le moindre événement, le moindre sentiment. Cette constante pression pour que j'en dévoile encore plus s'apparente à une volonté de me déposséder une seconde fois de mon droit à l'individualité et à la sphère privée. Exactement ce qu'a fait mon ravisseur pendant huit ans et demi.

Pourquoi mon souhait de préserver ce petit bout de sphère privée est-il si difficile à comprendre et à admettre ? La plupart des gens – dès lors qu'ils possèdent une certaine notoriété – n'aiment pas qu'on parle de leurs notes à l'école ou que l'on publie leur salaire dans une interview ou un article, mais moi, on me somme de faire la lumière sur les détails les plus nauséabonds, et on me conspue si je ne le fais pas. Au motif charitable que je laisse ainsi le champ libre aux spéculations. Que je devrais simplement lâcher *toute* la vérité, si je voulais y couper court. Qui tient à connaître si précisément l'ampleur de cette vérité ?

Par ailleurs, c'est un fait, et je l'ai appris à mes dépens : ces spéculations ne cesseront jamais. Parce que l'acte en soi dépasse l'imagination humaine à un point tel qu'on ne peut manifestement pas arrêter de l'enjoliver, de le décorer et de se laisser aller aux théories les plus abracadabrantes. Parce que la relation entre la victime et son bourreau est si complexe qu'elle ne se réduit pas à un tableau en noir et blanc bien contrasté. Parce que la société a besoin de supposés monstres tels que Wolfgang Priklopil pour donner un visage au Mal qui l'habite et le tenir à distance. Il lui faut des images de cachots enfouis dans des caves pour se dispenser de voir les multiples façades et jardins bien entretenus où la violence se cache derrière une apparence bourgeoise parfaitement normale. Wolfgang Priklopil était un homme que ses voisins décrivaient comme aimable, serviable, peut-être un brin timide. *A posteriori*, on a prétendu avoir un peu deviné quelque chose, un original, mais à ce point ? Non, impensable ! Pourtant c'était un être humain, pas une bête. Ce serait trop simple. Nous sommes tous façonnés par notre entourage et personne ne naît foncièrement mauvais. Nous avons tous notre histoire, mais nous préférons ne pas le voir, sinon il faudrait commencer par nous interroger nous-mêmes. Il existe des milliers de victimes de crimes prétendument ordinaires, des milliers de victimes de maltraitance – la plupart sont des femmes et des enfants, mais pas seulement – et tout cela se joue dans la prison tout à fait ordinaire de leur appartement ou de la chambre d'enfant.

Il existe probablement des milliers de pages de journaux intimes comme celle-ci, mais elles ne seront jamais rendues publiques :

> *Coups de poing et de pied. Étouffer, écorcher, cogner le poignet, l'écraser. Jetée contre le chambranle, frappée avec un marteau et avec les poings*

dans la région de l'estomac (gros marteau). J'ai des hématomes sur : la hanche droite, l'avant-bras et le bras droits, sur l'extérieur des cuisses gauche et droite ainsi qu'aux épaules. Écorchures et entailles sur les cuisses, le mollet droit.

Il m'a frappée à plusieurs reprises : hématomes noirâtres sous les deux omoplates et le long de la colonne vertébrale. Coup sur mon oreille droite ; j'ai ressenti une douleur perçante et un craquement. Puis il a continué à me frapper sur la tête.

Des crimes comme celui que j'ai subi aident à cimenter l'échafaudage du Bien et du Mal auquel se retient la société. Par leur déviance, ils aident à détourner notre regard de la folie ordinaire en le braquant sur les extrêmes. Ils aident à différencier dans la palette infinie des nuances de gris. Leur auteur doit être pervers et inhumain, pour qu'on puisse soi-même rester un être humain. De cette façon, le crime est tenu à une distance telle qu'il n'a plus rien à voir avec notre propre vie.

Depuis le début, j'ai ouvertement évoqué cet aspect, insisté sur la nécessité de pratiquer cette différenciation. Mais dès que j'essayais de dessiner un portrait nuancé du ravisseur lui-même, les catégories du Bien et du Mal se mettaient à vaciller pour la plupart des gens. Et il ne faut pas. Le monde est suffisamment complexe ; au moins sur ce point nous voulons que les choses soient claires. Le Mal personnifié ne doit pas posséder ne serait-ce qu'une once d'humanité, sinon le processus d'externalisation du Mal ne fonctionne plus.

Dans mon cas, la question ne s'est pas vraiment posée de savoir comment, au cœur de la société, des êtres pouvaient à ce point échapper à tout contrôle.

Elle est peut-être davantage d'actualité aujourd'hui quand on considère d'autres affaires comme celles d'Amstetten ou, tout récemment, celle de Höxter[1], en Rhénanie-du-Nord-Westphalie. Là encore, les auteurs des actes de barbarie paraissaient tout à fait normaux de l'extérieur. Aussi discrets que la façade de leur maison.

Il y a manifestement quelque chose qui ne tourne pas rond dans notre société. Mais avant d'y regarder de plus près, on se délecte de ce qui a pu se passer dans le secret. Il est toujours plus palpitant, semble-t-il, de diriger son regard vers l'extérieur que vers l'intérieur. Quant à « l'intériorité » des personnes concernées, on s'en désintéresse largement. Cela vaut en partie pour l'auteur des faits, mais aussi pour les victimes.

On n'éprouve souvent de la sympathie à l'égard d'une victime que lorsqu'on peut se sentir supérieur et éprouver de la compassion pour elle. Durant ma captivité, je me suis souvent demandé comment il en irait pour moi. Si je montrais à tous combien j'avais

---

1. En 2016, à Höxter, en Rhénanie-du-Nord-Westphalie, un couple est soupçonné d'avoir maltraité deux femmes et de les avoir laissées mourir. *(N.d.T.)*

été maltraitée, combien j'avais souffert, pourrait-on jamais me considérer de nouveau comme un « être normal » ? Ou serais-je vouée à rester une éternelle victime ?

Après ma fuite et la première interview, j'ai reçu une avalanche de lettres de gens qui me témoignaient un intérêt et une empathie sincères. Des gens équilibrés et qui n'avaient pas d'attentes – quelles qu'elles soient – à mon endroit. Mais j'en ai reçu aussi beaucoup d'autres. De gens qui m'accusaient de ne pas savoir ce qu'est la souffrance car si j'avais vraiment souffert, je devrais être brisée. Un correspondant anonyme m'a même insultée en ces termes : « Toi qui t'es avilie à ce point, qu'est-ce que tu viens faire ici en haut, parmi nous ? Retourne donc en bas, dans ton cloaque, tout en bas, c'est là qu'est ta place ! »

Peut-on me dire à quoi ressemble un être brisé ? Qui peut prétendre en juger ? Si j'avais totalement cédé, je n'aurais pas survécu à la captivité. Et sous prétexte que je ne crie pas sur tous les toits combien parfois je vais mal, combien certains jours sont sombres, cela ne signifie pas que ces jours n'existent pas. Pour moi, chaque journée est une nouvelle traversée sur la corde raide. Un nouveau test pour savoir ce que j'arriverai ou non à surmonter. Pour savoir si j'oserai sortir dans la sphère publique ou si je resterai terrée dans mon appartement. Il y a quelques années, je suis passée par une phase de refus du monde extérieur. Ce monde, que je m'étais tant réjouie de retrouver, auquel j'avais associé tant de projections positives et de possibilités. Pour une fraction de ce monde, je représentais une sorte de provocation. Peut-être parce que je lui en avais trop demandé, avec ma façon de gérer mon enlèvement et la captivité. À moins que je ne suscite autant d'agressivité parce que l'acte en soi suscite cette agressivité. Et comme je suis la seule personne encore disponible, c'est moi qui récolte ce que le coupable aurait légitimement dû récolter. Il m'a d'abord fallu apprendre que le rejet qu'on me manifestait n'avait généralement rien à voir avec moi. Il était d'abord lié au fait que beaucoup de ces personnes ont subi des formes de violence dont elles n'ont pas encore réussi à se libérer. Soit qu'elles n'aient pas assumé ce qu'elles ont vécu, soit qu'elles persistent dans leur propre prison, dont elles n'arrivent pas à sortir bien que la porte soit ouverte. Comme ce fut le cas pour moi, la prison mentale est la plus forte. Que j'aie réussi, après plusieurs années, à venir à bout des deux portes rend peut-être leur propre impuissance douloureusement visible.

Bien que ces réactions n'aient rien à voir avec ma personne, je dois composer avec le rejet et cette haine parfois déclarée. J'étais parvenue à opposer quelque chose à la terreur exercée par le ravisseur et à ses fantasmes sordides, à ne pas me laisser briser. Mais c'est précisément ce que le monde voulait voir. Un être brisé, dépendant constamment de l'aide des autres. J'avais été si longtemps dépendante de quelqu'un qui venait, ouvrait la lourde porte pour me jeter quelques carottes dans le cachot, de quelqu'un qui me libérait du cachot pour quelques heures selon ses règles et son bon vouloir, que je n'aspirais à rien tant qu'à ne plus avoir besoin d'aide ni dépendre de qui que ce soit.

*

Mon livre *3 096 jours* avait pour objet de mettre en évidence toutes ces interactions et les différents stades de l'évolution du ravisseur et de la mienne. J'ai été surprise de l'accueil positif qu'il a reçu et heureuse qu'il ait plu aux gens – si tant est que « plaire » soit le terme approprié pour un tel sujet. Les personnes qui l'ont lu m'ont dit qu'elles avaient soudain eu l'impression d'être proches de moi, de me comprendre. Pour moi, c'était comme si je leur avais offert un peu de moi-même, comme si je leur avais aussi donné du courage et de l'espoir, sans pour autant devoir m'exposer de façon déplaisante. Une dame m'a déclaré : « Avant, je ne savais pas ce que je devais penser de vous, mais après avoir lu le livre, respect ! » C'était le plus beau compliment qu'on puisse me faire. Le livre ne m'a pas seulement rendu la maîtrise de l'interprétation de mon histoire, il m'a parée d'un certain sérieux, car beaucoup ont mieux compris pourquoi j'avais pu apparaître aussi claire et réfléchie après ma fuite.

*

C'est précisément de ces aspects – la mise en évidence des différentes phases de l'évolution – que devait traiter le film, selon moi. Et c'est avec cette attente que je me suis rendue au premier rendez-vous avec Bernd Eichinger.

Plusieurs rencontres avaient déjà eu lieu au printemps 2010, à Vienne, au café de l'hôtel Imperial, mais je n'y avais pas participé. Notre première réunion devait se tenir dans un joli bureau en duplex sur le *Ring*, avec une superbe vue sur le *Stadtpark*. On m'avait dépeint Eichinger comme « difficile », un brin macho. Un type qui sait ce qu'il veut et ce qu'il peut imposer. Après coup, j'ai appris qu'il avait entendu des choses similaires sur mon compte. Nous avions donc tous deux retroussé nos manches, déterminés à ne pas dévier de nos positions d'un millimètre. L'entretien se déroula à l'avenant. C'était à qui donnerait le ton. Pour chacun de nous, il s'agissait de jalonner le terrain et de lutter pied à pied : c'était mon histoire, mais il était le réalisateur de renom qui voulait la porter à l'écran.

Après quelques minutes à échanger des considérations sur la pluie et le beau temps et à s'extasier sur la vue, nous en sommes rapidement venus au cœur du sujet. Le manuscrit encore inachevé de mon livre n'était « pas mal du tout », une bonne base pour un scénario, *mais*… Je lui ai demandé ce qui manquait, selon lui. Eh bien… tout ce dont je n'avais pas encore parlé ouvertement, mais qui s'était sûrement produit, n'est-ce pas ?

J'avais l'impression d'être dans un mauvais film et j'ai réagi en conséquence. En mode rejet et autodéfense, légèrement hostile. Pourquoi commencer d'emblée par les supposées lacunes ? Pourquoi ne pas s'intéresser à ce qui était là ?

Deux heures plus tard, le projet semblait mort. Il a bruyamment dévalé l'escalier, furieux, en déclarant que, si je ne voulais pas parler, il n'y avait pas de base et qu'il ne pouvait pas travailler. Pendant de longues minutes, je suis restée seule dans le bureau. Était-ce une victoire, était-ce une défaite ? Était-ce un adversaire que je venais de décourager ou un partenaire qui s'intéressait sincèrement à l'adaptation de mon histoire ?

Plus tard, j'ai su qu'Eichinger était sorti furieux et perplexe et qu'il était allé apaiser sa frustration avec quelques drinks à l'hôtel Imperial, mais qu'il n'avait jamais eu sérieusement l'intention de jeter l'éponge. Il ne renoncerait pas aussi vite. À la réflexion, ma réaction lui paraissait logique. J'étais en droit d'être méfiante : j'avais peur de subir une nouvelle ingérence extérieure, peur de perdre le contrôle de mon histoire. Je ne pouvais pas juste faire confiance en espérant que tout se passerait au mieux. J'étais bien placée pour savoir que ce n'était pas automatiquement le cas, j'en avais fait la douloureuse expérience dans un passé récent.

Pendant des semaines, je suis restée sans nouvelles. Eichinger s'était retiré aux États-Unis, où il continuait à réfléchir à la réalisation du projet malgré mes réticences. À l'automne, alors que le travail sur mon livre venait de s'achever, une invitation à venir le retrouver dans sa maison des bords du Wolfgangsee est arrivée. Il pleuvait à verse ce jour-là et nous étions déjà très en retard, mon accompagnateur et moi. Nous tournions en rond sans parvenir à trouver la bifurcation, si bien qu'il a fallu qu'on nous pilote jusque chez lui par téléphone portable – « Non, à présent vous êtes beaucoup trop loin ! » « Où êtes-vous maintenant ? Vous voyez le camping ? Après, il faut prendre… » À l'arrivée, par chance, il n'a pas été question de notre retard. Après une courte visite des lieux, on nous a servi un délicieux Strudel aux cerises et, le soir, nous avons discuté au coin du feu.

Un rapprochement prudent s'est opéré : chacun de nous a progressivement renoncé au rôle endossé jusque-là. Le vrai travail a commencé le lendemain. Eichinger a commencé par m'interroger sur le début du jour fatidique. Il voulait savoir avec précision quels détails avaient été décisifs dans le déclenchement de la querelle avec ma mère, ce matin-là. Je lui ai relaté la soirée de la veille : mon père qui m'avait déposée à la maison beaucoup plus tard que convenu et qui s'était bien gardé de me raccompagner jusqu'à la porte de l'appartement, car il craignait une scène. « Bon sang, ça fait des heures que tu aurais dû être là ! Comment il peut te laisser traverser la cour toute seule en pleine nuit ? Dieu sait ce qui aurait pu t'arriver. Je vais te dire une chose : tu verras plus ton père, j'en ai marre, je ne tolérerai pas ça plus longtemps ! »

Je lui ai raconté le matin suivant et d'autres situations analogues où j'avais dû prendre parti pour l'un ou l'autre. Il m'interrompait continuellement :

« Il faut que je visualise la scène. »

L'instant où ma mère est revenue dans ma chambre, la veille de l'enlèvement, pour préparer mes vêtements du lendemain et où elle m'a furtivement caressé les cheveux lui a paru un moment clé, une tentative de réconciliation. J'ai détourné la tête et tiré la couverture sur mon visage. Le lendemain matin, après la gifle, j'ai dit au revoir aux chats, mais pas à ma mère. Je n'ai pas voulu l'embrasser, désirant la punir par mon silence.

Eichinger était tellement immergé dans l'histoire, à présent, que j'avais l'impression qu'il voulait peu à peu mettre à nu toutes les personnes impliquées dans « le cas » et qu'il s'intéressait aux interactions à différents niveaux, pas seulement au spectacle donné au premier plan. Il progressait de manière chronologique et nous en étions arrivés aux premières semaines dans le cachot.

De retour à Vienne, j'ai reçu peu après une nouvelle invitation à la maison du lac. Nous avons repris nos entretiens. Nous devions souvent nous interrompre, soit parce que j'étais à bout de forces, soit parce qu'il avait « besoin de prendre l'air » pour trier ce qui venait d'être dit. Le dernier soir, il m'a décrit en détail comment il imaginait le film. Il voulait mettre en évidence le noyau qui constitue la base de toute action humaine et lui donner une forme qui permette d'expliquer l'incompréhensible. Ce serait un film radical dans lequel il entendait « repenser » les dimensions de l'espace. La transposition en images d'une forme de décloisonnement, spatial et mental, alors même qu'il n'existait guère de lieu plus cloisonné que mon cachot et l'interaction d'une victime et de son bourreau. Il serait tourné en 3D pour procurer au spectateur la sensation directe de proximité, de distance, de réalité et de voyage dans des mondes imaginaires.

Tout cela semblait un peu abstrait, mais il m'a patiemment expliqué, avec beaucoup de sensibilité, qu'il voyait dans mon enlèvement plus qu'une affaire criminelle classique. Qu'il était surtout fasciné par mon évolution au fil de ces années, de l'infériorité absolue à une lente parité, puis à la force de la survivante. Il voulait représenter la sphère domestique en champ de bataille sur lequel se jouaient le drame entre le ravisseur et la victime mais aussi le drame entre le ravisseur et sa mère. Montrer le diktat de l'ordre et de la propreté comme moyen d'oppression et dévoiler l'horreur qu'on ne soupçonnait pas derrière les haies bien taillées, alors que c'était là qu'elle se cachait[1].

*

---

1. Voir aussi à ce sujet : *BE*, Katja Eichinger, dtv, 2014, p. 562.

Après ma première rencontre plutôt intimidante avec Eichinger, j'ai découvert en lui un homme débordant d'énergie et de vitalité, mais aussi doté d'une personnalité sensible et chaleureuse. Pour Noël, il m'a fait parvenir un colis des États-Unis contenant une collection de CD des Beatles parce que j'avais évoqué, incidemment, que j'aimais leur musique. J'ai malheureusement abrégé notre dernière conversation téléphonique parce que – ironie du sort – je partais au cinéma. Quand, fin janvier 2011, est arrivé l'appel annonçant sa mort subite dans un restaurant de Los Angeles, je n'ai d'abord pas voulu le croire.

Pendant longtemps, personne n'a su si le projet serait repris et, si oui, dans quelles conditions. Je connaissais les parties du scénario qu'il avait terminées. On y retrouvait ligne par ligne tout ce qu'il m'avait expliqué : l'histoire d'une évolution, prudente, subtile et – de ce fait – d'une énorme violence.

Dans la version finale du film, il ne restait rien des idées d'Eichinger ni de son ébauche de scénario. La nouvelle réalisatrice, Sherry Hormann, m'a fait comprendre dès la première entrevue qu'elle entendait tourner son propre film. C'était son droit. Mais je ne savais pas jusqu'où elle irait. Il m'a fallu attendre de voir le produit fini à l'avant-première pour le découvrir. Le film contenait certaines scènes dont je n'avais parlé que dans le cadre de mes auditions judiciaires et Hormann les avait plaquées sans prendre la peine de les intégrer pour les rendre intelligibles. Elle ne racontait pas une histoire, ne réalisait pas une pièce de théâtre intime. Les personnages ne présentaient aucune évolution. Rien n'était subtil, tout était tape-à-l'œil et à l'emporte-pièce.

Lors de la première conférence de presse dédiée au projet de film, j'avais déclaré que les nombreux messages de soutien reçus les dernières années m'avaient encouragée à accepter d'adapter mon histoire au cinéma. Et que je me félicitais que s'offre, avec Bernd Eichinger et la production Constantin Film, une occasion exceptionnelle de la voir portée à l'écran avec finesse et délicatesse.

Il n'en est rien resté. J'étais déçue, j'avais l'impression qu'on avait abusé de ma confiance et que mon histoire m'échappait une fois de plus. Certaines scènes étaient transposées de façon si lourdingue que je me demandais quel était l'effet recherché. Faut-il nécessairement tout marteler pour que le public comprenne ? On lui dénie ainsi la capacité de penser et de ressentir par lui-même et de se faire sa propre image.

La façon dont j'ai tenu à présenter mon histoire dans les interviews ou dans mon livre témoignait assez de l'importance que j'accordais à la retenue. Je n'aurais jamais dit : « Regardez tous comme je suis maigre et comme il m'a humiliée. Cela m'est complètement égal. » Bien sûr, certains passages du film rendaient compte de la réalité. Bien sûr, je n'avais plus que la peau sur les os, j'étais sommairement vêtue et je devais supporter toutes sortes d'humiliations de sa part, y compris des agressions physiques. Mais ce n'était qu'un aspect de ces huit ans et demi. Le film s'est focalisé uniquement là-dessus. On ne comprend pas quels démons animaient Priklopil. On ne comprend pas la relation qui en a découlé. Pas plus que l'existence que j'étais contrainte de mener dans cette maison et dans le cachot. C'était pourtant le véritable enjeu du film. Non de montrer un viol pendant de longues minutes. À la sortie du film, un critique a très justement noté : « Le spectateur est transformé malgré lui en voyeur ; les scènes de viol provoquent un malaise[1]. »

Le plus douloureux pour moi était qu'on ne perçoive aucune évolution des personnages. Certains commentateurs l'ont reproché au film : « À pratiquement aucun moment, Hormann ne réussit à restituer l'énergie de survie déployée par Natascha Kampusch pour se libérer progressivement de son trou à rat et négocier des marges de manœuvre avec son tortionnaire[2]. » Un autre a écrit : « Hormann ne fait passer aucune émotion. Elle ne fait pas de psychologie. Et elle n'essaie pas de créer l'arrière-plan nécessaire pour expliquer les actes de ce Priklopil[3]. »

---

1. http://www.br.de/br-fernsehen/sendungen/kino-kino/3096-tage-kampusch-entfuehrung-film-filmkritik-100.html.
2. http://derstandard.at/1361241090000/Annaeherung-an-ein-Langzeitverbrechen.
3. http://www.spiegel.de/kultur/kino/3096-tage-kinofilm-ueber-entfuehrung-von-natascha-kampusch-a-885573.html.

Le film m'a exposée en fonctionnant sur des images et des scènes issues de fantasmes, non de la réalité que j'ai vécue. Tandis que la réalisatrice déclarait dans une interview que ces détails avaient été fournis par les procès-verbaux d'auditions, que le thème de la sexualité était « inévitablement » dans l'air et que les scènes « n'avaient pas été tournées de façon tape-à-l'œil, mais telles qu'elles étaient[1] », la prise de position de la scénariste était révélatrice : « Les images interfèrent avec la perception – parfois même avec la perception intérieure de Mme Kampusch elle-même. Nous avons naturellement considéré de notre devoir de lui rendre justice. […] [Nous avons] naturellement inventé certaines scènes telles que nous les avons comprises[2]. »

Il semble que, une fois de plus, la vérité n'était pas assez cruelle, il faut en rajouter encore. Et pourquoi, je vous prie, les fantasmes d'autres personnes devraient-ils interférer avec mes propres images ? Parce qu'elles ne conviennent pas ? Mais j'avais cédé les droits, et de ce fait l'équipe avait la liberté de faire son film.

*

---

1. http://www.bild.de/unterhaltung/kino/natascha-kampusch/regisseurin-sherry-hormann-ueber-sex-szenen-in-3096-tage-29250422.bild.html.

2. *Idem.*

Lorsque le film a été présenté au public le soir de la première, j'ai discrètement quitté la salle au bout de quelques minutes. J'avais tenu à y assister car c'était pour moi une question de politesse. Je voulais mener à son terme ce projet initié par Eichinger, bien que je ne sois pas satisfaite du résultat. Je ne l'ai pas critiqué ouvertement, à l'époque, cela m'aurait paru déloyal, notamment à l'égard des acteurs qui avaient fourni une prestation convaincante et de qualité dans le cadre qui leur était imposé.

Voir les images défiler sur l'écran d'une salle de cinéma au milieu de tous ces gens était encore plus pénible pour moi que de regarder le film seule. Il y avait à la fois une étrange distance entre ce film et moi, entre ces gens et moi, et une proximité que j'avais du mal à supporter.

Ce malaise provenait surtout du fait que le décor dans lequel évoluaient les acteurs était très ressemblant. Le cachot avait été reconstitué dans les studios de Bavaria Film. Et pour les scènes dans le haut de la maison ou dans l'appartement de ma mère, la production avait cherché et trouvé des lieux dont l'agencement était similaire, qu'elle avait meublés à l'identique. Je me suis rendue à une ou deux reprises sur le tournage et c'est là que j'ai fait la connaissance des acteurs. Évoluer avec eux dans ces espaces avait quelque chose de très agaçant. C'étaient mes espaces, et ce n'étaient pas eux. C'était une rencontre avec moi, avec ma mère et le ravisseur, et ce n'en était pas une. C'était à la fois très accessible et très abstrait.

Amelia Pidgeon, qui interprétait Natascha enfant, me ressemblait vraiment beaucoup. Quand nous nous sommes vues pour la première fois, elle m'a offert un écureuil en peluche en me disant : « Si jamais je me fais kidnapper un jour, je veux savoir comment on arrive à survivre. C'est pour ça que je veux jouer ce rôle. »

Quant à Thure Lindhardt, j'ai été témoin d'un incident où il m'a presque fait de la peine. Entre les caravanes où les acteurs pouvaient se reposer et se rafraîchir, on avait installé quelques tables et des bancs. Il y avait des hot dogs et d'autres bricoles à grignoter, ainsi que des boissons. L'après-midi où j'étais là, quelqu'un avait apporté une gigantesque tarte d'une pâtisserie. Thure, qui l'avait coupée, avait distribué les assiettes à toute la tablée. Au moment où il s'apprêtait à planter sa fourchette dans sa part, une voix a rugi de l'une des caravanes : « Tu tiens vraiment à ce qu'on t'impose un programme de régime encore plus strict ?! » Pourtant il était filiforme. Voilà une scène parfaitement authentique, qui aurait très bien pu se jouer pendant ma captivité !

« Je finirai peut-être par la faire sauter »

La maison de Strasshof

> *Il arrive régulièrement que des fleurs ou des bougies soient déposées contre la clôture, avec de petits mots et des prières, parfois même à l'intention du ravisseur. Il y a eu aussi des appels téléphoniques déclarant que Wolfgang Priklopil était un homme bon et que c'était moi en réalité qui l'avais assassiné.*

Après mon évasion, la première fois que j'ai été confrontée au « véritable » lieu de ma détention, à cette maison dans laquelle j'étais restée si longtemps enfermée, c'était à la télévision. Je n'avais retrouvé la liberté que depuis quelques jours, quand les images du lieu du crime ont été diffusées à l'écran. Des hommes en combinaisons blanches, des cameramen qui se bousculaient dans le minuscule cachot, touchaient mes affaires, leur attribuaient des numéros.

On voyait l'exiguïté oppressante. À droite, l'évier à deux bacs, à côté les toilettes avec l'abattant Donald Duck. Au début, il y en avait un beige, qui s'est fendu un jour où, par mégarde, j'avais posé une poêle brûlante dessus. J'ai collé un autocollant de cheval sur la fêlure pour que mon ravisseur ne remarque pas d'emblée que j'avais « intentionnellement » détruit l'objet. J'ai oublié s'il m'avait punie lorsqu'il s'en est aperçu. Je sais juste que j'étais très contente quand le nouveau couvercle, tout beau, tout coloré, avec Donald équipé d'un masque de plongée, est arrivé pour mon anniversaire.

L'armoire de toilette Alibert avec ma brosse à dents, une crème pour les mains, ma brosse à cheveux, une lime à ongles en carton aux coins arrondis pour que je ne puisse pas me blesser ni lui faire de mal. Au-dessus de l'armoire à glace, une étagère sur laquelle je rangeais mon tourniquet range-cassettes rouge, plusieurs classeurs et le livre *Schülerwissen* (« Savoir de l'écolier »). À côté, une petite tringle pour faire sécher du linge.

La seconde étagère de livres et le placard suspendu noir que j'avais décoré avec des autocollants multicolores, de menus bricolages, des images et des poèmes auxquels je tenais. Le petit bureau surmonté d'une planche sur laquelle étaient posés le téléviseur et la radio. Dans le placard accroché au-dessus du bureau, des articles sanitaires, quelques romans, une boîte en Plexiglas transparente contenant mon passeport, source de tant de spéculations. Il se trouvait dans la poche intérieure de mon anorak rouge uniquement parce que j'étais revenue d'un voyage en Hongrie avec mon père la veille de mon enlèvement, et que ma mère avait oublié de le ressortir dans sa colère de me voir rentrer si tard. Un hasard, rien de plus, en aucun cas un indice prouvant que j'avais programmé ma « disparition » d'une quelconque façon.

Sur le côté gauche, le lit en mezzanine contre le mur et quelques vêtements jetés sur l'échelle métallique. En face de la lourde porte, le crochet auquel pendait la robe que je portais le jour de l'enlèvement. Comme j'avais grandi, j'avais fini par la couper en deux pour me faire avec le bas une jupe serrée à la taille par un élastique. Je la portais toujours à Noël parce que je voulais arborer une tenue festive. Je l'ai récupérée il y a quelques années seulement, après des demandes réitérées à la police, avec bien d'autres objets personnels.

Que la police conserve quelques pièces dans la salle des scellés en espérant que les progrès de la technique permettront prochainement d'élucider un crime, je veux bien. Mais dans mon cas, le crime dont j'avais été victime était globalement élucidé, tout au moins de mon point de vue. Mes objets personnels et le cachot ne présentaient que deux traces d'ADN : les miennes et celles de mon ravisseur. En haut dans la maison, on trouvait également celles du ravisseur, celles de sa mère et quelques-unes de moi. Quelle information supplémentaire aurait pu livrer ma robe ? Ou des poèmes et des dessins ? Ils pouvaient refléter mon état d'esprit, tout au plus. Les rares mentions portées dans mon journal intime témoignaient des maltraitances que j'avais subies. Je n'avais pas consigné toutes ces horreurs dans le moindre détail, craignant d'offrir encore plus de prise à mon ravisseur : qu'arriverait-il s'il tombait sur ces lignes et les lisait ?

Les quelques fois où j'ai écrit plus longuement dans mon journal, c'était surtout dans le but de ne pas perdre la réalité de vue. Afin que les rares événements positifs auxquels je me raccrochais mentalement ne viennent pas gommer les actes de cruauté que je subissais depuis si longtemps. Il s'agissait d'une tentative pour remettre les choses en perspective. À force d'entendre Priklopil me seriner pendant des années qu'il faisait tout cela pour mon bien, qu'il me protégeait, qu'il était là, alors que tous m'avaient abandonnée, je voulais me prouver noir sur blanc qu'il n'en était rien. Qu'il se trompait, qu'il n'était pas mon sauveur, mais mon tortionnaire. L'homme qui m'avait volé mon ancienne existence.

Les objets qui ont été saisis à l'époque ne pouvaient rien révéler sur les motivations du ravisseur. Ni sur d'éventuels instigateurs, dont l'existence alimente aujourd'hui encore les spéculations de certains, même s'ils se sont faits un peu plus discrets après les nombreuses commissions d'enquête. Les mentions des sévices subis et minutieusement notés pendant des jours, surtout en août 2005 – car c'était une phase d'intense violence –, auraient pu aggraver la peine, s'il y avait eu quelqu'un à condamner. Mais l'auteur des actes s'était fait justice lui-même depuis longtemps.

D'une certaine manière, c'était blessant de voir tous ces inconnus en train de mettre mon espace de vie sens dessus dessous. De les voir manipuler sans ménagement des objets qui comptaient beaucoup pour moi et que je m'étais battue pour obtenir. Naturellement, je comprenais que ce lieu revête une importance particulière pour les enquêteurs et toutes les personnes qui examinaient la maison et le cachot : c'était l'endroit où une jeune fille avait été retenue prisonnière, l'endroit que le ravisseur avait aménagé sous terre dans ce but. Le lieu du crime qu'il convenait d'inspecter dans ses moindres recoins.

Pour moi, c'était plus que cela. Il n'était pas juste le décor d'un kidnapping mais, par la force des choses, mon lieu de vie. Même le cachot, qui était pour tous le symbole de l'horreur, signifiait davantage pour moi. Au début, j'ai cru devenir folle dans l'obscurité, l'exiguïté, le froid. J'avais peur d'étouffer s'il me coupait l'arrivée d'oxygène d'en haut. Le ventilateur avec son bruit de frottement me terrorisait. Mais ces cinq mètres carrés étaient aussi mon refuge. Ici, je pouvais lire, écouter une cassette, bricoler, être tranquille. Lire, c'était pour moi une façon de participer au monde ; longtemps, ce fut le seul monde dont je disposais. Grâce aux livres, je pouvais partir à l'aventure sans avoir à quitter le cachot. Avec *L'Île au trésor* ou *L'Expédition du Kon-Tiki*, je m'évadais. Le lit en mezzanine était devenu pour moi une tour, le gréement d'un bateau ou le sommet d'une montagne. Un voyage purement mental, mais un voyage malgré tout.

Quand j'étais seule en bas, il ne pouvait pas exercer directement sa violence sur moi. Pas plus que la maison au-dessus, le cachot n'était pas un lieu de haine. Au fond, l'un comme l'autre sont des lieux *a priori* neutres. Ils se chargent seulement de l'énergie des êtres qui les habitent et se muent en théâtre de leurs idées. En l'occurrence, du mépris du ravisseur pour la dignité humaine. Et de mes tentatives pour lui opposer autre chose.

Le cachot était devenu mon espace car un autre en avait décidé ainsi pour moi. Il me fallait donc essayer de le reconquérir, de le remplir de mon énergie.

*

Quand la police a autorisé l'accès au lieu du crime et que nous avons décidé de nous porter partie civile, mes avocats et moi, je suis retournée dans la maison pour la première fois. Nous avions rendez-vous à 10 heures avec un expert à Strasshof pour la visite. « L'inspection du bâtiment », selon la formule consacrée. Une fois de plus, il n'avait manifestement pas été possible d'assurer un minimum de protection de la victime. La rue était barrée, des hordes de journalistes se bousculaient, hurlant et photographiant à tour de bras. Les quelques mètres jusqu'à la maison ont été extrêmement pénibles. J'étais de toute façon très tendue car je me demandais comment je réagirais à cette confrontation avec mon passé récent. Si je pourrais supporter la pression des souvenirs.

Je suis passée devant la haie de troènes. Celle qui, après deux ans d'isolement dans le cachot, m'avait rappelé la vitalité du monde extérieur. C'était en décembre 2000 : après des semaines de « préparation », il m'avait laissée pour la première fois quelques minutes dans le jardin. « Si tu cries, je te tue. Si tu cours, je te tue. Je tuerai tous ceux qui t'entendront ou te verront, si tu as la bêtise d'attirer l'attention sur toi. » Pour la première fois depuis mon enlèvement, je sentais des brins d'herbe et un sol tendre sous mes pieds. Pour la première fois, de l'air frais pénétrait presque douloureusement dans mes poumons, le parfum épicé de la haie de troènes recouvrait peu à peu l'odeur de pourriture et de solitude. J'ai arraché deux ou trois petites feuilles et je les ai mises dans ma poche. Quelques jours plus tard, elles étaient fanées et brunâtres. Je les ai conservées dans une boîte.

Nous avons gagné la maison par l'allée pavée. Une maison individuelle jaune au toit d'ardoise, avec un chien-assis, deux cheminées et une antenne parabolique sur le toit, des fenêtres à croisillons avec un encadrement blanc, des volets roulants à demi clos. Des briques de verre surmontant la porte du garage laquée blanc. Une maison comme des millions d'autres. Tout était bien rangé, même le gazon n'avait pas trop poussé depuis.

À côté du portail du jardin en fer forgé, un interphone sonnette en laiton. L'allée pavée de pierres sèches, puis les trois marches avec la rampe noire pour accéder à la porte d'entrée surmontée d'une imposte semi-circulaire. Je n'avais jamais parcouru le chemin dans ce sens.

À l'intérieur de la maison, j'ai couru de pièce en pièce comme une maniaque. Dans le séjour avec la bibliothèque en bois sombre, le canapé massif en cuir vert foncé et la cheminée en briques rouges, le bouquet de fleurs que sa mère avait apporté lors de sa dernière visite était toujours sur la table. Dans la cuisine, des bananes et des tomates pourrissaient sur une étagère. Une pile de journaux à moitié effondrée occupait un coin de la table devant le papier peint poster représentant la forêt de bouleaux. Avec la balance murale orange, il m'avait toujours terrorisée : Est-ce que j'étais trop débile pour faire la différence entre grammes et décagrammes ? Vraiment bonne à rien ! Sa mère, elle, « avait le feeling » pour la farine et le sucre. L'arête du plan de travail en L, contre laquelle il me jetait dès que quelque chose le contrariait quand je cuisinais ou faisais de la pâtisserie.

Dans le *Stüberl*, le cabinet de chasse avec la peau de sanglier tendue au mur, qui n'avait pas changé depuis la mort du père de Priklopil, on voyait encore les traces des ambitieux projets du ravisseur. Une baignoire d'angle, un grand radiateur, un lavabo et des meubles bas qui attendaient toujours d'être posés dans la nouvelle salle de bains. Durant ma captivité, j'avais trimé pendant des mois à l'étage supérieur de la maison qui comportait trois chambres. Il avait aussi prévu d'aménager les combles en habillant de Placoplatre la charpente en bois brut pour en faire une deuxième salle de séjour. Un passage entre le premier étage et le haut avait été percé afin d'y construire un nouvel escalier carrelé de marbre. Même pour ces gros chantiers ou pour des travaux hautement techniques tels que l'installation du chauffage, il n'a jamais laissé entrer un seul ouvrier dans la maison. J'avais douze ans à l'époque, je traînais des sacs de ciment, je dégondais des portes, j'abattais des cloisons au burin et à la masse. Des corvées épouvantables, bien au-dessus de mes forces, mais après ces années enfermée entre les quatre murs de mon réduit, c'était un changement, au moins, qui amorçait la phase où il s'est mis à me donner plus de liberté pour me « rendre utile » dans la maison.

Pendant ma captivité, celle-ci m'avait toujours paru habitée de forces supérieures. Si puissante et sombre. Quand j'ai revu le séjour lors de l'inspection du bâtiment, il m'a fait une impression encore plus glaçante. L'incarnation même de l'esprit bourgeois et de la normalité. Solide, imposant, oppressant et déconcertant dans sa splendeur pseudo-féodale, avec ses boiseries, sa bibliothèque murale et sa cheminée. La cuisine, en revanche, qui avait toujours été pour moi un lieu d'humiliations extrêmes, m'a semblé quasi inoffensive.

Plus que tout, je redoutais d'aller au garage et de descendre au cachot. Au-dessus de la fosse à vidange de voiture, il y avait une botte de filasse de lin pour l'étanchéité des raccords accrochée à un clou. Chaque fois que je gravissais les marches, menottée au ravisseur, je voyais pendre cette natte blonde, qui ressemblait à une perruque faite avec mes propres cheveux qu'il avait rasés. Il ne faut pas que tu laisses de traces.

Curieusement, le fait d'entrer dans le garage n'a pas déclenché la crise d'angoisse attendue. Mais plutôt une étrange sensation de nostalgie. Due peut-être au fait que je ne venais dans cet espace prétendument truffé d'explosifs que lorsque j'avais le droit de monter dans le monde hermétiquement clos de la maison. C'était déjà un pas vers la liberté.

*

Quand, bien plus tard, les médias ont glosé sur mon éventuelle intention de porter plainte contre l'État autrichien à cause des failles de l'enquête, mes avocats m'ont informée que j'avais droit à une indemnisation prélevée sur l'héritage de mon ravisseur. Un sentiment bizarre, en même temps l'impression de mettre un point final à quelque chose. En fin de compte, il m'avait privée d'une partie de ma vie, pourquoi n'aurais-je pas droit à une part de son héritage ? D'un point de vue psychologique, il m'avait pris tant de choses que rien au monde, aucune « valeur » – ni matérielle ni autre – ne pourrait jamais compenser. Pourtant, les gazettes se sont répandues en commentaires agressifs et en caricatures. Et maintenant, elle veut porter plainte ! Alors qu'elle croule déjà sous l'argent. Elle n'en a donc jamais assez ! Elle veut aussi la maison ?

Quelle baignoire dorée où je me prélasserais comme Picsou, quelle pluie de billets ruisselant sur ma tête pourraient jamais me rendre ma jeunesse, la « deuxième période de ma vie » ? Je me demande parfois si les gens traitent avec autant de hargne et d'envie un gagnant au loto qui a brusquement fait fortune. À quoi rime cette discussion pour savoir si une indemnisation – quelle qu'en soit la forme – est justifiée ou appropriée ? Quelle est la valeur d'une année de vie ? Quelle est la valeur d'une année de vie de souffrances et d'humiliations, enfermée dans un bunker ? Pas un centime, pas un million ne peut compenser cela. Et ceux qui ont suivi mon parcours de façon impartiale et neutre savent que je n'ai jamais été animée par l'argent. Que les sommes perçues du fait de mon histoire, notamment les cessions de droits, je les ai utilisées pour des causes sociales. Que le reproche d'enrichissement injustifié revient toujours malgré tout, qu'il est cynique et profondément blessant. Cela montre que certains croient que l'on peut tout régler avec de l'argent : « Une petite consolation pour la calmer. De quoi elle se plaint, elle n'a plus de souci à se faire ! »

Mais c'est moi qui « ai pris perpète », pas mon ravisseur !

Nous sommes convenus avec la mère de Wolfgang Priklopil que la maison me reviendrait. Je n'ai pas porté plainte contre l'État. Cela aurait probablement entraîné des litiges interminables ; et j'avais déjà un aperçu des excès qui pouvaient en résulter.

Si je suis devenue propriétaire de la maison, c'est aussi parce que je ne voulais pas qu'elle tombe entre de mauvaises mains. Je n'aurais pas supporté que cet endroit soit transformé en musée des horreurs ou en lieu de pèlerinage pour des gens bizarres qui vouent une secrète admiration à mon ravisseur et à son acte. Que ces gens existent, je l'ai appris par les insultes que l'on a répandues sur moi sur la toile, par les lettres qui me sont transmises, par les interviews d'hommes politiques et de personnels de l'appareil judiciaire et les petits mots qu'on accroche parfois à la clôture du jardin de la maison. Certains proviennent de gens qui connaissaient mon ravisseur depuis l'âge le plus tendre et ne peuvent pas y croire, et qui prient pour qu'il retrouve le droit chemin dans l'au-delà. C'était un si gentil garçon, si poli. D'autres savent exactement ce qui s'est passé. Une gamine précoce de dix ans a programmé son propre enlèvement, elle a mené à sa perte un jeune homme intègre, souffrant de légers troubles de la personnalité, et l'a contraint à commettre ce crime.

Ce sont des moments où les mots me manquent. Face à ce genre de discours, les arguments sont impuissants. Même la vérité ne suffit pas : il est impossible de la vérifier, puisqu'elle émane de moi.

Vu sous un autre angle, il peut évidemment sembler absurde que ce soit moi qui règle désormais les factures d'eau et d'électricité et qui paie l'impôt foncier pour une maison dans laquelle je n'ai jamais voulu vivre. Qui s'assure que quelqu'un vérifie régulièrement que tout va bien, contrôle le chauffage, aère. Dans les premières années, j'étais incapable de m'en charger ; pour rien au monde je ne serais retournée là-bas. Je n'aurais pas réussi non plus à changer quoi que ce soit dans cette maison ou dans le garage. Pas question de déplacer une vis, un pot de peinture, un livre, un vase ou de les jeter à la poubelle. Comme si je devais tout conserver en l'état jusqu'à ce que je sois prête à investir complètement cette maison.

L'usure du temps m'a finalement forcée à agir. Une tempête avait arraché quelques tuiles du toit, l'humidité avait pénétré dans la bâtisse et des moisissures s'étaient développées dans quelques recoins. La haie devait être taillée de toute urgence et la piscine du jardin s'était transformée en biotope pour diverses variétés de mousse. « Une honte », auront sûrement murmuré d'aucuns. Je suis venue avec quelques amis pour faire du tri ; le mobilier décati et les restes de matériaux de rénovation qui n'étaient pas récupérables sont partis à la benne. Des spécialistes se sont occupés de l'assainissement et ont vaporisé un produit spécial dans les pièces les plus atteintes. Des voisins ont informé la presse : une photo me montrant devant les décombres, en tablier de travail et couverte de poussière, était accompagnée de la question : « De retour dans la maison de l'horreur ? »

*

En 2013, une décision communale a ordonné le comblement du cachot. En effet, en Basse-Autriche, la législation sur les constructions n'autorise pas l'aménagement, sous un certain niveau, de cavités souterraines n'ayant pas fait l'objet d'un permis de construire. Il n'y en avait pas eu pour mon cachot, ce qui est bien compréhensible. Il avait été construit illégalement. Afin de ne pas mettre en péril la sécurité publique et de respecter les consignes au moins *a posteriori*, toute la zone souterraine devait être comblée. Environ 18 mètres cubes de graviers devaient être déversés dans la cavité.

Dès les premières explorations du lieu du crime par la police et la direction régionale de la police judiciaire, l'examen par géoradar avait permis de détecter que le site disposait de nombreux boyaux souterrains reliés directement ou indirectement à ma prison. En forant dans le jardin derrière la maison, on avait buté à plusieurs endroits sur des sortes de plafonds faits de béton, de gravats et d'éléments de fer, enfouis cinquante centimètres sous la surface du gazon. À ce jour, l'enquête n'a pas encore déterminé si certaines parties de ces constructions souterraines n'existaient pas déjà avant que mon ravisseur n'élabore son projet d'enlèvement.

Mais déverser des graviers était plus facile à dire qu'à faire. Passer par le garage, descendre dans la fosse de vidange, puis s'introduire dans l'étroit boyau derrière le coffre-fort – mais seulement à reculons –, et enfin dans le minuscule passage d'accès au cachot : cela n'aurait été possible qu'avec des seaux et des pelles. Le problème était le même si l'on forçait l'ouverture du conduit d'aération par le haut. La seule solution était d'ouvrir le cachot de l'extérieur. Les travaux ont été confiés à une entreprise locale.

Quelques jours plus tard, un ouvrier est arrivé et a commencé à creuser un trou dans le sol du garage muni d'énormes marteaux. Le bruit n'a pas manqué d'attirer quelques voisins curieux. L'un d'eux s'est exclamé : « Ah ah, on se décide enfin à combler le bunker ? » Comme s'il était de notoriété publique qu'un monde souterrain existait depuis longtemps à cet endroit. Le soir, après dix heures de forage acharné, le trou dans le béton atteignait une profondeur de trente à quarante centimètres, mais le plafond du cachot n'était toujours pas en vue. Le jour suivant, on est revenus avec un équipement plus lourd. Le rugissement du marteau-piqueur a retenti pendant des heures dans la Heinestraße. L'après-midi, le plafond a fini par céder. Il était enfoui à plus de cinquante centimètres sous la surface du sol et son épaisseur était de soixante centimètres. Il était composé de ciment, de sable, de supports métalliques et de pierres concassées grosses comme le poing. Le ravisseur ne pouvait pas l'avoir construit seul. Ce n'était pas du provisoire, comme à l'intérieur de l'installation, mais du travail de professionnel. Est-il vraiment possible que personne, à la division de la construction, n'ait eu connaissance de l'existence d'un bunker sur ce terrain ? Peut-être même bien avant que les parents de Priklopil n'acquièrent la maison dans la verdure ?

La cave qui entourait le cachot a été vidée. Des étagères, des seaux de peinture, des skis, des outils que j'avais utilisés pour les travaux de rénovation de la maison ont été jetés à la benne. Tous les objets qui restaient encore dans le réduit ont été remontés. Les ouvriers en ont fait un tas sur lequel ont atterri l'armoire de toilette Alibert et la tablette sur laquelle je posais mon savon et ma brosse à dents, que l'un d'eux a brisée d'un violent coup de pied. J'ai pu au moins sauver le crochet auquel pendait ma robe bleue et blanche à carreaux pendant des années. Du tas de décombres auquel se réduisait la deuxième période de ma vie émergeait une image déchirée de Don Bosco, que j'avais punaisée à mon petit tableau d'accrochage. Il dirait probablement : Va, oublie tout ce fatras et essaie de faire pousser de nouvelles fleurs sur ce tas de fumier !

Après l'opération dite de remblayage, on a coulé du béton dans l'accès par la fosse de vidange ainsi que dans le petit passage devant la porte blindée de mon cachot. Au soulagement de voir un chapitre se refermer, au sens propre du terme, se mêlait un autre sentiment. Une sorte de deuil absurde et néanmoins douloureux au moment de tourner la page d'une époque décisive de ma vie. Je me réjouissais que, de l'extérieur au moins, il ne reste plus rien qui rappelle ce crime. À l'intérieur, les blessures étaient toujours là.

*

Je n'ai toujours pas décidé du sort que je réserverai à la maison. Dans une interview, il y a quelques années, j'ai dit : « Qui sait ? Je la ferai peut-être sauter. » Cela permettrait au moins de faire place nette pour créer quelque chose de neuf et de bien à cet endroit.

Il est difficile de trouver une solution acceptable pour cette maison. Au cours des dernières années, j'ai tenté de la mettre à disposition de différentes missions sociales, mais son passé pèse trop lourd. Qui peut imaginer un jardin d'enfants ou un foyer de réfugiés là-dedans ? Et même si l'on oublie un instant son histoire, il reste encore une foule de normes qui compliqueraient les choses si j'entreprenais de changer la destination et l'utilisation du lieu. Mais je n'ai pas encore abandonné l'espoir qu'il puisse, d'une façon ou d'une autre, en sortir quelque chose qui soit utile à d'autres personnes.

Une question de décence

Mon engagement au Sri Lanka

> *Durant ma captivité, j'ai tant souhaité de l'aide, et je n'en ai jamais reçu. Je sais ce que c'est d'avoir besoin d'aide et de ne pouvoir compter que sur soi au bout du compte. Voilà pourquoi j'ai toujours eu à cœur de m'engager pour les autres dans la mesure de mes possibilités.*

Cette envie d'aider les autres, je l'avais déjà étant petite. Il m'arrivait de puiser dans le « bocal à *Groschen* » dans lequel ma mère collectait les petites pièces pour rendre la monnaie, afin d'en donner aux sans-abri et aux mendiants qui traînaient dans la cité du Rennbahnweg. Le cœur battant et le poing serré sur les pièces, j'allais vers eux et je leur disais : « C'est pour toi. Mais pas pour boire, s'il te plaît. » Souvent, je les revoyais, un peu plus tard, au kiosque en bas de chez nous, payant leur bière ou leur *schnaps* avec une poignée de menue monnaie. Ça ne me plaisait pas et j'ai toujours du mal avec cela aujourd'hui. Peut-être parce que, enfant, j'ai vu trop de gens qui gâchaient leur vie. Qui n'avaient plus d'activité, plus de métier, plus de but, un quotidien fait de désespérance et de frustration, qui s'anesthésiaient ou se noyaient dans l'alcool.

Mon grand modèle était Don Bosco. De son vrai nom Giovanni Melchiorre Bosco, ce prêtre catholique et directeur de conscience a vécu au XIXe siècle et a été canonisé en 1934. En 1859, il a fondé les Salésiens de Don Bosco et, en 1872, la congrégation des Salésiennes de Don Bosco. J'avais entendu parler de lui et de son travail pour la première fois en cours de religion et j'avais décidé de suivre sa voie et de devenir prêtre. Malheureusement, ce choix est encore réservé aux seuls hommes, du moins dans l'Église catholique.

Si j'ai été autant fascinée par lui et par son approche extrêmement pédagogique, c'est sans doute parce que, d'une certaine manière, je me reconnaissais dans les enfants avec lesquels il travaillait. Des enfants ballottés entre plusieurs mondes. Arrachés trop tôt à l'enfance, contraints précocement d'assumer des responsabilités ou souffrant de n'être pas assez aimés. En ce qui me concerne, je n'avais pas un environnement intact, au sens classique d'une famille unie avec le père, la mère et l'enfant, mais j'avais une famille pleine d'amour. Mes deux parents m'ont donné le sentiment qu'ils m'aimaient, mais que c'étaient plutôt les circonstances qui étaient responsables de certains dysfonctionnements. Leur séparation notamment a été un choc qu'ils n'ont pas surmonté et qui a eu des répercussions sur tous les aspects du quotidien.

Dans notre voisinage du Rennbahnweg, les exemples de familles « dysfonctionnelles » étaient légion. Des mères qui hurlaient sur leurs enfants, en bas dans la cour, qui les poussaient par terre et les rouaient de coups. Des hommes qui tabassaient leur femme et qui, après, se vantaient auprès des copains, en sifflant leur *schnaps* au kiosque, d'avoir cogné leur « bonne femme » pour lui montrer qui était le maître. Ces femmes, on les voyait au supermarché se déplacer furtivement entre les rayons, leurs hématomes laborieusement camouflés sous le maquillage. De jeunes voyous traînaient dans les allées qui menaient aux immeubles, lançant des obscénités aux passants et leur réclamant un « droit de passage ». Quand je traversais les cours et les cages d'escalier avec ma mère, elle me serrait la main plus fort. Elle essayait de me protéger autant que possible et m'expliquait pourquoi elle n'aimait pas que je joue en bas dans le bac à sable et pourquoi elle trouvait certains de nos voisins vulgaires. Bien qu'elle agisse d'habitude plutôt selon la devise « aide-toi, sinon personne ne t'aidera », elle me faisait comprendre qu'il existe une sorte d'enchaînement des causes et des effets. Celui qui n'a jamais reçu d'amour et de tendresse, mais beaucoup de violence, reproduira vraisemblablement le même schéma.

Quand j'étais en captivité, plus tard, je me suis toujours demandé ce que mon ravisseur avait dû vivre et ce qui lui avait manqué, pour être capable d'un tel acte. Pour pouvoir croire que cet acte serait la solution à ses problèmes. Un raté dans le monde réel, qui tirait sa force de l'oppression d'une enfant. Une personnalité fragile en quête d'une reconnaissance dont il avait peut-être été privé par le passé. Un homme qui avait peut-être beaucoup souffert de l'autorité abusive de ses parents et qui, n'ayant jamais réussi à s'en affranchir, tentait à présent d'y parvenir dans le monde réduit de la cave en inversant les relations par la violence. Mais il ne s'agit que de spéculations. Quand bien même elles correspondraient à la réalité, cela n'excuse naturellement rien ; tout au plus est-ce une tentative d'explication pour quelque chose qui reste fondamentalement inexplicable.

En tout cas, selon Don Bosco, l'éducation, qu'elle soit le fait des parents ou d'institutions, devrait être caractérisée par un amour humain authentique, portée par la raison et fondée sur la foi. Il agissait selon le précepte « Je préfère des vitres brisées à des cœurs brisés ». Sur la porte de ma chambre d'enfant, à l'extérieur, j'avais accroché un grand poster de lui. Un portrait en teintes chaudes et sombres. Comme pour signaler à tous ceux qui s'apprêtaient à entrer qu'il veillait sur moi, qu'il me regardait. En captivité, j'ai essayé de dessiner de mémoire ce visage aux yeux bienveillants. En dessous, j'ai écrit : « Le pouvoir du Mal se nourrit de la lâcheté du Bien. »

*

« Pour être capable de donner, on n'a pas besoin d'être riche. » Encore une autre citation de Don Bosco. On doit *vouloir* aider. C'est exactement ce que je voulais faire après mon évasion. Lors de ma première interview, on m'a demandé comment j'allais gérer l'énorme intérêt médiatique et si ce n'était pas un peu trop pour moi.

« Un peu trop ? Oui, bien sûr. Mais en même temps, cela m'a permis de comprendre que cette célébrité me donnait certaines responsabilités [...] et que je voulais les assumer. J'ai compris [...] qu'on devait assumer ça [...] pour en faire profiter les nombreuses personnes qu'on peut aider. Je prévois donc de créer une fondation, dans le cadre de laquelle je présenterai certains projets humanitaires, qui traiteront par exemple de la problématique des personnes disparues et jamais retrouvées, comme moi. Elle s'occupera aussi de ces jeunes femmes enlevées, abusées, torturées et assassinées, qui ont disparu en particulier au Mexique [...] et qui ont été maltraitées de la façon la plus bestiale qui soit. Sachant combien il est dégradant de laisser mourir de faim d'autres êtres humains, je projette en outre de monter un programme permettant aux gens de se prendre en charge eux-mêmes pour lutter contre la faim. »

A posteriori, il était peut-être prématuré de parler de ces projets deux semaines seulement après mon évasion. J'ai sous-estimé l'impact qu'aurait sur moi tout ce remue-ménage, le temps qu'il me faudrait pour avoir des repères dans ma nouvelle vie en liberté. Je devais d'abord m'aider moi-même et retrouver la stabilité nécessaire pour avoir la force intérieure de m'investir pour autrui.

Entre-temps, j'ai régulièrement soutenu des personnes, en Amérique du Sud, mais aussi en Autriche. J'ai fait des dons quand de graves catastrophes naturelles survenaient dans le monde. Comme beaucoup de gens lorsqu'ils voient les images de la misère au journal télévisé, cela me touche énormément. D'une certaine façon, la violence de la nature est différente de celle exercée par l'homme. Elle déclenche une peur primitive. On ne peut rien lui opposer.

À Noël 2004, j'ai vu des images à la télévision qui m'ont horrifiée et m'ont longtemps poursuivie. Des gens qui fuyaient paniqués devant des masses d'eau et se réfugiaient sur les toits des maisons et sur des arbres, des gens emportés par un tourbillon blanc d'écume, écrasés entre des murs qui s'effondraient, des voitures et des poutres à la dérive. Un tremblement de terre dans l'océan Indien avait déclenché un tsunami dévastateur sur les côtes des pays riverains. Plus de 230 000 personnes ont péri. 1,7 million de personnes se sont retrouvées sans-abri. Au début du phénomène, quand la mer s'est lentement retirée, personne ne savait ce qui allait se passer. Beaucoup d'autochtones ramassaient les poissons et les coquillages, les touristes filmaient l'étrange spectacle et commentaient l'événement, d'abord surpris et fascinés, puis, quand la mer est revenue d'un coup, avec des voix de plus en plus aiguës, assourdissantes. Je suis restée hébétée devant le petit téléviseur du cachot. Les images et les bruits m'ont hantée pendant des jours. J'ai gardé le tableau que j'ai peint à l'époque ; il est accroché aujourd'hui dans mon appartement.

Trois ans plus tard, en 2007, lors d'une fête d'anniversaire, j'ai rencontré un homme qui m'a beaucoup impressionnée. Upali Sirimalwatta est originaire du Sri Lanka. Il a vécu trente et un ans à Vienne, où il travaillait pour l'ONU. Après le tsunami, il s'est mis en congé pendant six mois pour organiser une opération humanitaire dans son pays. Depuis, il y retourne très régulièrement. Il m'a parlé de cette île de l'océan Indien, dont la nature d'une beauté fascinante contraste terriblement avec la situation politique et économique toujours difficile du pays.

Ce petit homme fluet aux yeux pleins de chaleur dégageait une telle énergie, il évoquait ses projets avec tant d'enthousiasme que j'ai eu très envie de le revoir. Lors de nos rencontres suivantes, il m'a montré des photos du Sri Lanka et m'a décrit son action sur place. Depuis son départ en retraite, il passe le plus clair de l'année au Sri Lanka. Outre le tsunami, il m'a expliqué que son pays avait été dévasté par la guerre civile qui a fait rage dans le Nord, de 1983 à 2009, entre les séparatistes tamouls et le reste du pays dominé par la majorité cinghalaise. Il soulignait que les conséquences du conflit se faisaient encore cruellement sentir, car des centaines de milliers de personnes avaient perdu leurs terres, et les tortures et les brutalités avaient fait d'innombrables victimes.

Dans les régions où le tourisme est peu développé, la misère est immense, les infrastructures sont quasi inexistantes et la prise en charge médicale déplorable. Les mères et les enfants sont les premières victimes. Les ambulances sont rares et les hôpitaux n'ont pratiquement pas de lits. Et quand ils en ont, ils ne prennent que les enfants. Or, dans son pays, les mères ne se séparent jamais de leurs enfants avant qu'ils aient atteint un certain âge. Pour cette raison, elles préfèrent garder leurs enfants à la maison quand ils sont malades, plutôt que de les laisser seuls à l'hôpital, ce qui explique le taux de mortalité infantile très élevé dans certaines régions.

Je n'imaginais pas à quel point la situation était désastreuse et les conditions d'hygiène catastrophiques jusqu'à ce qu'il me montre quelques images de son dernier voyage. Sur les photos et les brèves séquences vidéo, j'ai découvert un petit bâtiment délabré au crépi effrité, devant lequel une longue file de gens attendaient. Des vieux, des mères avec leurs enfants, des malades. Les vues de l'intérieur révélaient une grande salle aux murs souillés de taches d'humidité, çà et là quelques lits métalliques rouillés qui avaient dû être laqués de blanc. Dans un réduit attenant, des femmes s'activaient autour d'un feu allumé à même le sol. Sur les bûches, une marmite fumante contenant un liquide indéfinissable. C'est la cuisine de la clinique, m'a dit Upali.

Une clinique ? Je lui ai demandé où se trouvaient le matériel médical et les salles de traitement. Ou au moins des chambres dignes de ce nom. Il a passé ses photos en revue et en a posé quelques-unes sur la table devant moi. Un tensiomètre antédiluvien, des pansements, un stéthoscope, une bouteille d'oxygène, quelques bocaux teintés contenant des racines séchées ou des herbes. Le pire était la salle d'accouchement. Aucune femme européenne n'aurait voulu y mettre au monde son enfant.

Cette clinique était le seul établissement de soins existant dans un périmètre immense. La plupart des patients étaient des cultivateurs de riz et des ouvriers travaillant dans les grandes plantations de thé et de caoutchouc. J'essayais d'écouter Upali, mais mon regard revenait irrésistiblement vers les photos. Je me demandais comment les gens pouvaient recouvrer la santé dans un environnement pareil. Quand il a ajouté que, toujours par manque de place, les mères étaient renvoyées chez elles juste après la naissance ou séparées de leur bébé, même dans le cas d'accouchements compliqués, ma décision était prise. Je m'engagerais au Sri Lanka. J'avais été si profondément émue par la situation des nourrissons, des petits enfants et de leurs mères que je voulais mettre à disposition les moyens nécessaires pour bâtir une infirmerie qui leur soit spécialement dédiée. À Bulathsinghala, dans le district de Kalutara, juste à côté du vieux bâtiment que j'avais vu sur les photos d'Upali.

Il me paraissait important que l'aide « ne tombe pas d'en haut » et que les dons envoyés de l'étranger ne disparaissent pas dans les rouages d'une bureaucratie corrompue, aussi ai-je demandé à Upali de me soutenir dans mon action. Il avait des relations, il savait comment fonctionnait l'administration, ce dont les gens sur place avaient besoin et comment on pouvait les impliquer. L'objectif n'était pas de les prendre sous tutelle, mais de partager avec eux de façon respectueuse. Au terme de notre réflexion, nous avons décidé de construire une nouvelle clinique dotée de 25 lits et capable de prendre en charge jusqu'à 50 000 personnes en ambulatoire par an. Upali serait sur place à Bulathsinghala, il assurerait, avec un architecte, la coordination des travaux de construction et me rendrait régulièrement compte de leur avancement. J'avais souhaité que chaque centime d'euro bénéficie aux gens là-bas et que le projet dans son ensemble ait des répercussions positives durables pour la région. La machine de fabrication de briques dont j'ai fait l'acquisition à l'époque est encore en service aujourd'hui. De nombreux autochtones ont trouvé un emploi, d'abord sur le chantier, ensuite dans la clinique. Un nouveau lotissement a même poussé depuis lors autour du bâtiment.

Après un peu plus d'un an de travaux, le grand jour est arrivé : le 9 octobre 2011, je suis montée à bord de l'avion de Vienne pour Colombo. 7 450 kilomètres avec escale à Dubaï, mon plus long voyage à ce jour. J'étais excitée, mais légèrement préoccupée à la perspective de ce qui m'attendait là-bas. Comment serait le climat ? Les moustiques étaient-ils aussi redoutables qu'on le disait ? Comment allais-je supporter le pensum que représentaient tous ces rendez-vous ? Le soleil, les rencontres avec tant de gens inconnus, une culture si différente ? J'envisageais avec un immense respect cette confrontation avec des gens qui avaient subi des horreurs dont nous n'avons plus idée, par chance, depuis que la paix règne en Europe.

Notre programme prévoyait, outre l'inauguration solennelle du Natascha Kampusch Children's Ward à Bulathsinghala, un voyage dans le nord du pays, la zone ravagée par la guerre civile. Avec un groupe de jeunes gens de l'organisation Jugend Eine Welt – Don Bosco Aktion Österreich[1], je voulais d'abord visiter une institution pour victimes d'abus sexuels à Uswetakeiyawa. Le foyer Bosco Sevana accueillait quelque quatre-vingts garçons entre onze et dix-neuf ans victimes d'abus sexuels

---

1. Organisation non gouvernementale qui soutient des projets de Don Bosco dans le monde entier. *(N.d.T.)*

« au nom de l'amour ». Ils exerçaient auparavant l'activité de *beachboys*, c'est-à-dire qu'ils vendaient leur corps à des touristes sexuels pédophiles.

Après une nouvelle étape au nord de Colombo pour découvrir le Don Bosco Technical Center, une école couplée à un établissement de formation pour orphelins et enfants défavorisés, le voyage devait se poursuivre plus au nord, dans l'ancien territoire autonome tamoul, et nous conduire dans un foyer de jeunes filles de Vavuniya, où d'anciennes enfants-soldates et des orphelines de guerre âgées de dix à vingt-quatre ans avaient trouvé refuge et bénéficiaient d'une (ré)insertion professionnelle. Plus de la moitié d'entre elles étaient mutilées de guerre, victimes d'éclats d'obus et de mines, et avaient besoin d'une prise en charge médicale régulière. Mais les blessures psychiques étaient de loin les plus graves. Ces jeunes filles sont marquées à vie par l'expérience traumatique de la guerre, de la violence et des abus sexuels. Elles ont assisté à la mort de leurs parents et de leurs proches, elles ont perdu leur foyer et, pour certaines, ont été enrôlées de force dans la guérilla par les indépendantistes tamouls. Certaines ont été enlevées ou abandonnées quand leurs familles ont fui leur village dans la panique, d'autres sont les seules survivantes d'une attaque. Depuis, elles vivent avec les séquelles de ces atrocités : la peur, l'apathie, les dépressions. La fin de la guerre civile n'a pas toujours été vécue par elles comme une libération, un nouveau sentiment de perte venant parfois s'ajouter à la succession des traumatismes subis. D'abord elles avaient enduré la perte de la famille et de l'entourage proche, ensuite celle du groupe de rebelles ou du chef violent qui disposait de leur vie selon son bon plaisir. À présent, elles se trouvaient face au néant.

À maints égards, la rencontre avec ces fillettes et ces femmes devait se révéler une expérience limite absolue. Je ne savais pas comment je réagirais à la confrontation avec ce qu'elles avaient vécu. Il existait des parallèles avec mon histoire, même si les circonstances étaient complètement différentes. Il existait des blessures que l'on pouvait voir et d'autres qui enflaient sous la surface. C'était le face-à-face avec un cauchemar. On évalue à 7 000 le nombre d'enfants et d'adolescents utilisés et contraints de tuer pendant les deux décennies de guerre civile au Sri Lanka. Une génération perdue.

*

Mais, dans un premier temps, j'avais d'autres soucis. Tout le monde m'avait mise en garde contre le moment où la porte du hall d'arrivée glacial de Bandaranaike International Airport s'ouvrirait et où je me cognerais à un mur d'air brûlant saturé d'humidité, comme si je recevais un seau d'eau en pleine figure. Quelle ne fut ma surprise de constater que je trouvais le climat plutôt agréable. Le genre de douce sensation sur la peau que l'on éprouve dans l'atmosphère tiède d'une piscine couverte. Je pouvais donc rayer le premier point de ma liste de réticences. Le deuxième point – les moustiques et la crainte de la malaria –, je l'ai barré dans le minibus qui nous attendait dehors. Les moustiques n'étaient plus si méchants en cette saison, nous a expliqué le chauffeur avec un large sourire.

Colombo, quant à elle, n'était qu'un gigantesque grouillement. Le bruit était indescriptible, permanent. Dans les rues, on progressait lentement et au péril de sa vie. Des rubans d'asphalte à deux voies étaient utilisés sur quatre voies, des tuk-tuk à trois roues et des mobylettes se faufilaient entre les camions bigarrés et surchargés, et au milieu de tout ça se pressaient des femmes à ombrelles et des hommes en sarongs à carreaux. Çà et là, j'entrapercevais d'anciennes bâtisses coloniales somptueuses parmi les constructions modernes poussées trop vite, mais aussi de petits canaux pleins de détritus, bordés de baraquements où se concentraient les pauvres de la ville.

Après ce qui nous a paru une éternité, nous avons enfin quitté la métropole et longé la côte en direction du Sud. Les blessures infligées par la mer en décembre 2004 n'avaient pas encore cicatrisé, tant s'en faut. Partout le long de la vieille route côtière, on voyait encore les traces de la catastrophe, plus de sept ans après. Des béances dans le sol, là où s'alignaient autrefois des palmiers. Les carcasses de bateaux devenues motifs de photos pour touristes en mal de sensations. Des montagnes de gravats dans lesquelles fouillaient des chiens errants à la recherche de quelque nourriture. Des gens qui vivaient dans des ruines à demi écroulées, beaucoup d'entre eux sans travail. Après le tsunami, le gouvernement avait interdit aux pêcheurs de reconstruire leurs cabanes sur la plage. Pour des raisons de sécurité, comme on leur disait. Avec l'argent de l'aide humanitaire et à la faveur des réattributions de terrains, ils pouvaient demander à bénéficier de petits lopins à l'intérieur des terres. Entre-temps, seule une minorité de pêcheurs sont devenus cultivateurs. En revanche les emplacements de choix sur la plage ont été revendus depuis longtemps à de riches investisseurs étrangers, qui y bâtissent des palais du bien-être et des spas pour touristes stressés.

Les blessures subies par les hommes à l'époque sont loin d'être guéries, elles aussi. Beaucoup ont perdu des proches, nombre d'enfants grandissent sans leurs parents. Le long de la bande côtière séparant Colombo de l'ancien centre colonial de Galle, plus au sud, rares sont les familles qui ont été épargnées.

Après une nuit passée à l'hôtel à Bentota, nous avons poursuivi notre route jusqu'à Uswetakeiyawa et à cette institution Don Bosco, dans laquelle des pères tentent d'offrir un nouveau foyer à des *beachboys* ainsi qu'à d'autres garçons déracinés, et s'emploient à leur ouvrir des perspectives scolaires et professionnelles. Officiellement, l'institution s'appelait « Centre de réhabilitation pour anciens enfants prostitués et enfants en situation de risque ». Après plusieurs discours de salutations et la visite des installations, nous sommes allés sur la plage avec quelques garçons. Ils nous ont fait une démonstration de cricket, utilisant des bois flottants en guise de battes, et ont tenu ensuite à ce que je joue au football avec eux. Je n'ai sûrement pas brillé par mon habileté, mais nous nous sommes beaucoup amusés. Pour finir, nous nous sommes régalés de « cocktails à la noix de coco », noix cueillies par nos soins dans les palmiers de la cour et percées d'un trou, avec une paille dedans.

Le lendemain, nous nous sommes rendus chez Upali, qui nous a accueillis sur la terrasse de sa maison, à l'ombre des manguiers et des papayers. J'étais déjà tombée totalement sous le charme du paysage pendant le trajet en voiture. Tout est vert. Une végétation comme je n'en ai encore jamais vu. Des plantations de thé et de caoutchouc, des rizières, où vivent des buffles et d'où s'envolent des hérons blancs. Cela peut sembler bizarre, mais cette nature était si parfaite qu'elle paraissait incompatible avec les horreurs que tant de gens avaient vécues dans ce pays.

En regardant la montre, nous avons constaté qu'il était temps de nous mettre en route pour la cérémonie. Sur la terrasse, nous avions passé en revue les moindres détails. Upali m'avait prévenue que l'inauguration de l'hôpital pour enfants constituait un événement majeur à l'échelle du pays. Les hommes politiques locaux seraient là, et même le ministre de la Santé, l'événement serait retransmis en direct à la télévision et tout le village serait décoré de fanions multicolores. Il y aurait un défilé avec musique et danses folkloriques d'hommes vêtus du traditionnel sarong blanc avec chapeau rouge à pompons et ornements argentés.

Pendant le voyage, je sentais la tension monter en moi, mais c'était plus de l'excitation que de l'inquiétude. Après le cérémonial des salutations, le long cortège s'est déplacé vers la place devant l'hôpital. On y avait dressé un pupitre avec un micro, devant lequel plusieurs rangées de chaises étaient alignées, en quantité toutefois très insuffisante. Quelque trois cents à quatre cents personnes étaient présentes, m'a fièrement expliqué le ministre.

On m'avait installée à une place d'honneur pendant son allocution, mais j'avais de la peine à me concentrer sur son discours. En effet, il y avait toujours quelqu'un qui me touchait timidement le bras ou la tête, avant de s'excuser et de me demander si la couleur de mes cheveux était vraiment authentique. « Si claire... » C'est un fait : je ne passais pas inaperçue !

Puis ce fut mon tour de parler. J'étais quand même un peu stressée car je devais m'exprimer en anglais. J'ai conclu mon propos en ces termes : « Pendant ma captivité, je me suis promis que si je recouvrais un jour la liberté, j'essaierais de faire de ce monde un endroit meilleur. De nouveau libre, il m'a fallu du temps pour trouver ma place. Mais, à présent, je me sens suffisamment forte pour aider les autres. Bonne chance et bonne santé ! »

Puis nous avons procédé à l'inauguration officielle. Le ministre, un peu puéril, voulait à tout prix couper en premier le ruban bleu qui barrait l'entrée. On nous a présenté un plateau avec deux paires de ciseaux, l'une rose et l'autre bleu clair. Il y a eu un bref instant de confusion car il était si pressé qu'il a fini par s'emparer des ciseaux roses. Après cela, chacun de nous devait enflammer une sorte de petit arbre en papier avec une bougie. Le fait que le mien refuse de s'allumer l'a manifestement ravi. En tout cas, nous avons beaucoup ri en commentant l'incident, après, dans le bus. Je devais ensuite insérer la dernière pierre dans un mur, puis nous avons commencé la visite du bâtiment. J'étais profondément heureuse à l'idée que ce lieu soit bientôt plein de vie et que des femmes et des enfants y reçoivent à l'avenir les traitements qui les guériraient. Pendant ma détention, j'avais souvent eu des visions d'horreur en imaginant ce qui se passerait si je me faisais une fracture ou si je contractais une septicémie. C'est horrible de savoir que personne ne viendra vous aider.

À mon retour à Vienne, un journaliste m'a demandé si je souffrais d'une sorte de syndrome du Bon Samaritain. J'ai trouvé la question étrange… N'existe-t-il pas encore quelque chose qui s'appelle la « décence » ? L'éthique nous impose de faire tout ce que nous pensons devoir être fait. Si cela m'est possible, je considère qu'il est juste et important de tout essayer. La clinique a coûté 50 000 euros, ce qui correspond à une dépense unique de 1 euro par personne traitée en ambulatoire pendant un an. Une somme dérisoire, pas même le prix d'un petit café à Vienne.

Pour moi, le plus beau cadeau, c'est de voir que les gens ont adopté la clinique dès son inauguration. Il m'arrive de recevoir des lettres et des photos envoyées par des enfants qui ont posé devant la plaque commémorative et le portrait de la donatrice. C'est touchant, un peu gênant aussi, car je n'ai fait que retransmettre l'aide que d'autres personnes m'avaient adressée quelques années auparavant.

*

Le lendemain, nous nous sommes levés de bon matin car un voyage de plus de six heures nous attendait pour nous rendre dans le Nord. Il n'y avait pas encore d'autoroute, et la circulation sur les petites routes parfois non goudronnées était infernale. Nous sommes arrivés totalement exténués à Vavuniya.

Les sœurs qui dirigeaient le foyer nous ont accueillis très chaleureusement. Nous avons pris le repas en commun sur une longue table en bois. Les plats étaient servis sur de grandes feuilles de bananier et on mangeait avec les doigts. Les plus jeunes enfants s'amusaient beaucoup de ma maladresse car je laissais régulièrement tomber des grains de riz, et ma robe n'a pas tardé à être constellée de taches. Par chance, elles ne se voyaient pas trop sur l'imprimé à fleurs. Après le repas, plusieurs jeunes filles se sont précipitées vers moi : elles voulaient absolument me faire des nattes, me maquiller et danser avec moi. C'était beau de les voir si détendues, si spontanées avec moi, vivant pleinement l'instant.

Pour la première fois de mon voyage, j'étais arrivée à un endroit où mon histoire ne comptait pas. Tout simplement parce qu'on ne la connaissait pas. J'étais juste une jeune fille parmi d'autres dans un groupe de gens engagés et soucieux d'autrui. Chacun allait vers l'autre sans a priori parce que aucun ne savait rien de l'autre. Au fil des conversations avec les sœurs et les filles les plus âgées, elles ont découvert peu à peu certains éléments de mon parcours. La supérieure m'a longuement questionnée car elle ne parvenait pas à comprendre les raisons de mon enlèvement. Comment quelqu'un pouvait-il avoir l'idée d'enfermer quelqu'un d'autre, juste comme ça, pendant des années ? Les enfants dont elles s'occupaient avaient une fonction précise, dans la logique de guerre de leurs ravisseurs. Les rebelles se servaient d'eux pour répandre la terreur et soumettre des villages entiers à leur volonté. Si vous ne coopérez pas, nous avons les moyens de vous y contraindre. Mais sans guerre ni terreur et ainsi, d'une certaine façon sans « nécessité », capturer quelqu'un sur le chemin de l'école dans une voiture et l'enfermer, ça, elle ne comprenait pas. Quand je lui ai dit : « J'ai parfois pensé qu'il voulait simplement une esclave », alors elle s'est tue pendant un long instant, a pris mes mains dans les siennes et a hoché la tête. Cette seule phrase lui a suffi ; elle n'avait pas besoin d'en savoir plus.

L'histoire de Nitiya m'a particulièrement touchée. Elle était arrivée au foyer deux ans auparavant, à l'âge de dix-huit ans. Elle n'avait commencé à parler qu'au bout d'un an. Avant cela, elle n'avait ni parlé ni ri une seule fois ; elle n'avait même pas posé son arme. Elle avait été enlevée alors qu'elle avait quatre ans. Toute sa famille avait été tuée, et le village brûlé. Ceux des enfants qui n'avaient pas réussi à s'enfuir étaient emmenés par la guérilla. Elle devait vénérer le chef rebelle de son unité, l'appeler « Dieu » et « Père ». Quiconque s'opposait était maltraité et violé. Les premières années, elle avait pour mission de ramasser les cadavres, après elle devait elle-même tuer. Chacun des enfants portait une ceinture d'explosifs pour se faire sauter en cas de contact avec l'ennemi et entraîner le plus de gens possible dans la mort. Après sa fuite, elle avait erré pendant des mois dans la zone de combats jusqu'à ce qu'elle arrive chez les sœurs de Don Bosco par l'intermédiaire de la Croix-Rouge internationale.

La rencontre avec Nitiya et avec toutes les autres personnes croisées au cours de mon voyage m'a beaucoup apporté. Parce que le contact était à la fois très ouvert et distancié, c'est-à-dire respectueux. Ne pas formuler les choses dans toute leur horreur est parfois une façon de protéger. Non pas de se protéger soi, mais de protéger son interlocuteur. Ici, en revanche, après mon évasion, certaines expériences que j'ai vécues m'ont profondément désorientée, au début, certains comportements m'ont laissée perplexe. D'un côté, ce grand intérêt et cette empathie, de l'autre cette obstination à creuser pour obtenir toujours plus de détails. D'une part, cette volonté de ne pas s'arrêter de questionner, cette incapacité à lâcher prise, sur le thème « il doit sûrement y avoir quelque chose de plus ». Et en même temps, cette façon de me renvoyer à mon intimité dès que je parlais ouvertement de mon traumatisme – le mieux eût encore été que je n'en parle pas du tout. Quand quelqu'un me disait : « Je ne veux pas le savoir », je me sentais rejetée. C'était douloureux pour moi, mais j'ai compris, depuis, que c'est un mécanisme de protection, par peur d'être dépassé, de ne pas être capable d'assumer.

Pour moi, les deux attitudes sont également pénibles à supporter, mais j'ai fait des progrès. Il m'est tout aussi difficile de comprendre qu'on veuille me dissocier de cette période de ma vie que me réduire à elle. Je n'ai que cette seule vie, je n'ai que cette seule image de moi, même si, l'expérience aidant, je suis capable de la considérer sous un autre angle. Vue de l'extérieur, ma vie peut sûrement se découper en plusieurs tranches. Un avant, un pendant, un après. Cependant aucune ne peut être dissociée des autres. Parce que tout interagit avec le reste et que, pour moi, une chose ne peut se concevoir sans l'autre.

Il n'est pas indispensable de scruter à la loupe des parcours aussi extrêmes que le mien ou que ceux des jeunes auxquels j'ai été confrontée au Sri Lanka. Nous savons tous qu'il se passe des choses horribles sur cette planète, partout, chaque jour, chaque seconde. Les grandes catastrophes ou les destins individuels horribles nous secouent et nous tirent de notre léthargie. L'espace d'un instant, nous sommes choqués, en empathie, éventuellement nous faisons un don. Mais, de plus en plus, nous ne prenons conscience de ces drames que s'ils sortent des limites habituelles. Par leur ampleur ou leur capacité à frapper notre imagination. Et c'est ainsi qu'on commence à mesurer la souffrance, à comparer, à relativiser.

Je ne sais pas si c'est une question de foi, mais les sœurs et les pères des foyers Don Bosco acceptaient tout simplement les jeunes comme ils étaient. Ils n'accordaient pas leur soutien et leur empathie à l'aune du traumatisme vécu. Ils les donnaient parce qu'ils avaient devant eux un être humain ayant besoin d'aide et de protection.

Je me suis sentie unie comme par un lien magique aux enfants et aux jeunes adultes rencontrés au Sri Lanka. Malgré l'horreur des circonstances, mon histoire à moi s'est bien terminée. Les histoires de ces enfants se sont bien terminées, elles aussi. À présent, ils disposent de lits propres et d'installations sanitaires et même d'eau potable. Ils bénéficient d'une prise en charge médicale et psychologique, ils reçoivent une formation scolaire et ont une chance d'avoir une nouvelle vie. Certes, les images de leur ancienne vie ne disparaîtront jamais complètement de leur esprit, mais elles s'atténueront avec le temps. Ils peuvent désormais connaître des moments de bonheur et sont aidés en cela par des personnes qui vivent en accord avec elles-mêmes. En guise d'adieu, Nitiya m'a montré sa chambre. Dans le tiroir de son petit coffret, j'ai aperçu un portrait de Don Bosco.

Dans la boucle sans fin

« Le Natascha Gate »

> *Aujourd'hui, dix ans après mon évasion, je n'ai pas la moindre compréhension pour certaines personnes qui croient devoir se mettre sur le devant de la scène à mes frais en réinterprétant et en déformant les faits. En se montrant incapables d'accepter l'acte tel qu'il s'est produit, ces gens font ainsi de ma famille et moi des victimes pour la deuxième fois.*

Lors de l'interview déjà évoquée sur mon voyage au Sri Lanka, on m'a demandé si j'étais heureuse à présent :

« Vous et vos questions ! Qu'est-ce que le bonheur ? Le bonheur, c'est quelque chose de fugace. Ce sont peut-être de brefs moments durant lesquels on se sent en accord avec le monde. Ici, au Sri Lanka, j'ai eu la chance de vivre plusieurs moments de ce genre au cours des derniers jours. Ici, je m'épanouis comme un cactus qui donne soudain de petits boutons roses. Ou comme une grande et magnifique orchidée.

— Qu'est-ce qui est différent à Vienne ?

— À Vienne, je suis souvent attaquée, je suis toujours sur le qui-vive. Il y a un règlement invisible qui m'étreint et m'étouffe, et me déprime. Ici, au Sri Lanka, je me sens plus en sécurité. Je crois que, après cette expérience, j'arriverai beaucoup mieux à respirer même à Vienne. J'ai l'impression de m'être débarrassée d'un poids énorme[1]. »

J'avais l'impression d'être sur la bonne voie, d'avoir trouvé un sens à ma vie. Mais dès mon retour à Vienne, certaines personnes ont commencé à criticailler, arguant qu'il y avait suffisamment d'enfants dans le besoin en Autriche et que j'aurais d'ailleurs sûrement pu investir davantage. J'ai déjà mentionné plus haut que personne n'aime qu'on mette le nez dans ses comptes. Tout le monde semble supposer, à tort, que ma situation financière est des plus florissantes. À vrai dire, loin de moi l'idée de vouloir me justifier pour quoi que ce soit, mais cela fera peut-être taire quelques détracteurs. Des dons que j'ai reçus,

---

1. *Kronenzeitung*, 16 octobre 2011, http://www.krone.at/Oesterreich/Kampusch_Ich_wollte_schon_immer_anderen_helfen-Einsatz_in_Sri_Lanka-Story-299552.

je n'ai pas utilisé un centime pour moi : j'ai soutenu des projets pour des enfants handicapés en Autriche, j'ai débloqué 25 000 euros d'aide d'urgence pour la famille Fritzl et invité l'opinion publique à faire des dons aux victimes de cet acte odieux. Ce qui m'a valu, dans certains médias et blogs, d'être créditée non pas d'un intérêt sincère, non, mais de voir mon comportement taxé de « condescendant ». 25 000 euros supplémentaires sont allés à la clinique au Sri Lanka, et j'ai ajouté la même somme de ma poche.

Après ma première interview, une journaliste a écrit : « Ce qui est très malin, soit dit en passant, c'est que maintenant elle fait de l'argent avec son histoire. Quand on a comme elle une telle monstruosité à assumer, on ne devrait pas avoir en plus de problèmes d'argent. Si l'opinion s'intéresse tant à son sort, elle n'a qu'à payer[1]. »

Voilà qui apportera encore de l'eau au moulin de certains. À ceux-là, je tiens à dire : Je regrette sincèrement d'être obligée de décevoir ceux qui pensent que je vais si incroyablement bien qu'ils rêveraient de troquer leur existence contre la mienne. Ils devraient essayer au moins une fois de se mettre à ma place. Ils devraient essayer de passer un jour ou une semaine dans un réduit pareil. Ils devraient regarder ce qu'est ma vie aujourd'hui, traquée par des théoriciens du complot qui ne cherchent qu'à se faire mousser et

---

1. *Die Welt*, 21 décembre 2006.

ne peuvent se résoudre à me laisser tranquille. Sans cesse citée à comparaître devant un tribunal ou à quelque micro, pour faire de nouvelles déclarations et prendre position sur les accusations les plus absurdes. À croire que toute l'Autriche, du citoyen lambda aux plus hautes autorités, a débarqué avec ses fours à micro-ondes et ses réchauds à gaz pour réchauffer une fois de plus mon histoire, si je peux me permettre cette image. Oui, je laisserais volontiers ces gens se glisser dans ma peau ne serait-ce qu'un jour.

*

Que disait encore cet expert de la presse en août 2006 : « Dans un mois, le sujet sera mort et aura disparu des médias » ?! Il est pourtant encore au cœur de l'actualité ! Même moi, j'ai du mal à garder une vision d'ensemble de toutes les évolutions et tous les retournements que mon histoire a connus[1]. Pour moi, à vrai dire, l'affaire était bouclée avec ma fuite et la mort du ravisseur. Un cas clair et net, qu'il ne restait plus qu'à classer. C'est d'ailleurs ce qui s'est produit au plan judiciaire, deux mois après mon évasion, quand l'instruction a pris fin.

Pourtant, la police et le parquet ont été contraints de continuer. Parce qu'il existait soi-disant un réseau pornographique dans lequel les plus hautes

---
1. Voir aussi la chronologie en annexe.

sphères étaient impliquées et qu'on me faisait chanter avec certaines pièces à conviction, raison pour laquelle je voulais empêcher une élucidation complète de l'affaire, et ainsi de suite. Toutes les déclarations du parquet pour nier l'existence de tels indices n'y ont rien changé : les spéculations allaient toujours bon train.

En parallèle, certains éléments laissaient à penser qu'il avait pu se produire des failles dans l'enquête et que celles-ci avaient peut-être été dissimulées, pour empêcher prétendument que la révélation d'un tel scandale ne mette en péril les prochaines élections du Conseil national. Le ministère de l'Intérieur a réagi en constituant un comité d'experts en février 2008. Un mois plus tard, une commission d'enquête parlementaire était créée pour examiner les procédures internes.

J'étais d'avis que, si des irrégularités avaient effectivement pu entacher l'enquête, si on avait tenté de les étouffer, il fallait faire toute la lumière sur les faits, afin que les autorités compétentes en tirent les conséquences. L'idée qu'on aurait peut-être pu me retrouver plus tôt était douloureuse, mais il ne sert à rien de réécrire l'histoire, sauf à se rendre malade.

La suite des événements devait considérablement refroidir mon optimisme initial. Ma confiance dans le système s'en est trouvée quelque peu ébranlée. Et lorsque je m'en suis ouverte très franchement, ma déclaration n'a pas eu l'heur de plaire. J'ai dû présenter des excuses publiques, ce qui est difficile à admettre, même *a posteriori*, compte tenu de ce qui s'est passé : des extraits des procès-verbaux d'audition qui avaient été mis à disposition du comité et de la commission d'enquête se sont retrouvés dans la presse, mais sortis de leur contexte et tronqués. Et ce, alors que leurs membres avaient signé une clause de confidentialité. Les passages publiés n'avaient aucun rapport avec l'objectif de départ (à savoir détecter d'éventuelles défaillances internes), mais ils devinrent prétexte à me discréditer, puis à discréditer ma famille.

On m'a fait porter le chapeau de la dissimulation, m'accusant d'empêcher l'élucidation d'une action criminelle d'une envergure bien supérieure. Pour mes parents, l'affaire devait avoir un terrible air de « déjà-vu[1] ». Tout recommençait. La suspicion d'abus sexuels, le lien possible avec l'auteur de l'acte, voire avec tout un réseau de criminels, le dénigrement du milieu dont j'étais issue et qui m'avait valu une enfance si difficile, de l'avis de Ludwig Adamovich, le responsable du comité d'experts. Il n'existait pas de preuves concrètes, on ne pouvait « que le subodorer. Toutefois, que ce M. Priklopil, alors qu'il circulait un beau jour au volant de sa fourgonnette, ait regardé s'il ne voyait pas passer une gamine qui puisse lui être utile, cela me semble absurde[2] ». Si une personnalité

---
1. En français dans le texte. *(N.d.T.)*
2. *Profil*, numéro 29, 13 juillet 2009.

aussi estimée que M. Adamovich, l'ancien président de la Cour constitutionnelle, répandait ce genre de propos (et ce n'étaient pas les seuls), chacun se sentait fondé à dire : Eh bien, si lui voit les choses comme ça, c'est qu'il doit y avoir du vrai !

Adamovich et le membre du comité d'experts Johann Rzeszut, ancien président de la Cour suprême à la retraite, se sont accordés à considérer qu'il y avait peut-être autre chose que ce que j'avais dit dans la version officielle de mon histoire. Dans une lettre ouverte au quotidien *Österreich*, Rzeszut a écrit que la thèse du malfaiteur isolé kidnappant seul un enfant dans sa voiture était totalement irréaliste. Que si je devais un jour me décider à « exploiter médiatiquement toute la vérité », je serais en danger de mort car d'éventuels instigateurs « pourraient se résoudre à finaliser leur action ». Il ajoutait que, depuis des années, il redoutait plus que tout une « annonce de presse du genre : "Natascha Kampusch victime d'un accident mortel" ». Du point de vue de la victime, « toute une série de motivations potentielles pouvait être envisagée pour expliquer de fausses déclarations intentionnelles : le contact prolongé avec l'auteur de l'acte, des pressions émanant d'un complice encore non identifié, la volonté de couvrir l'implication de personnes proches, etc.[1] ».

S'il craignait tant pour ma vie, on peut se demander pourquoi c'est par la presse que j'ai appris

---

1. *Österreich*, 10 août 2009.

l'existence d'une telle menace. L'objectif de ces propos n'était nullement d'assurer ma sécurité, mais plutôt de permettre à certains membres du comité de se mettre en valeur[1].

Les réactions auxquelles j'ai été exposée dans l'opinion publique reflétaient aussi l'avancement des diverses « nouvelles investigations ». D'octobre 2008 à janvier 2010, l'enquête a été rouverte. Elle a abouti au résultat qui était, selon moi, évident depuis le début : Priklopil avait agi seul ; il n'y avait aucun lien avec de quelconques instigateurs, et encore moins avec mes parents.

Pendant toute cette période, j'ai dû constamment regarder en arrière. Je ne pouvais pas aller de l'avant tant que je traînais le boulet de mon passé. Non parce que j'étais incapable de le surmonter, mais parce que j'ai été maintes fois repoussée dans ce tas de fumier. Par des gens qui croyaient avoir trouvé là une tribune capable de leur assurer le maximum d'exposition.

Que l'on me comprenne bien : j'aurais été la première à saluer l'apparition d'éléments vraiment nouveaux, je n'aurais rien fait qui puisse empêcher de tirer l'affaire au clair, si tant est qu'il y ait quelque chose à tirer au clair. J'ai dit et répété ce que je savais, de la première à la dernière audition. Et cela

---

[1]. Voir aussi : « *Kommission agiert "unverantwortlich"* » (« Le comité agit de façon irresponsable »), *Der Standard*, 10 août 2009.

concordait parfaitement avec ce que les divers comités d'experts et commissions d'enquête ont « mis au jour ».

En 2009, j'ai été appelée à comparaître à plusieurs reprises par le tribunal de Graz dans le cadre de la nouvelle enquête. Les auditions se tenaient à huis clos, mais les badauds et les équipes de télévision se pressaient devant le palais de justice. D'ailleurs, l'un des reporters était tellement surinvesti dans sa mission qu'il est tombé dans un bac à fleurs. Les jours suivants, on m'a fait entrer dans le bâtiment par la cave. Deux procureurs de la République m'ont cuisinée – une fois, j'ai été entendue pendant huit longues heures –, me reposant inlassablement les mêmes questions. Pourquoi je ne m'étais pas enfuie plus tôt, la déclaration X émanait-elle de telle ou telle personne, quand, où et par qui avais-je été interrogée et ce que j'avais dit lors de cette audition. Ces séances étaient épuisantes, et m'ont beaucoup éprouvée psychiquement et physiquement. Malgré la fenêtre ouverte, l'atmosphère était si confinée que j'avais rapidement des maux de tête et des difficultés de concentration.

Mes déclarations ont ensuite été confrontées aux procès-verbaux de mes premières auditions. Aucune divergence n'a pu être constatée ; j'en restais à mes déclarations, à la vérité. Pourtant il semblait soudain que, pour certains milieux, un soupçon de mensonge pesait sur presque tout ce qui avait trait à ma personne et à mon histoire. En janvier 2010 par exemple, le magazine d'actualités *Profil* a relaté que, pendant ma captivité, je m'étais échappée à deux reprises, mais que j'étais à chaque fois revenue « de mon plein gré » vers mon ravisseur. Le journal citait un enquêteur du comité affirmant : « Il faut s'en tenir à l'image des huit années vécues dans les chaînes. Mais ça ne s'est pas passé comme ça[1]. » J'étais écœurée. Cet article constituait pour moi le degré zéro de l'information sur mon passé. Mais ce ne serait pas le dernier.

Toute cette « affaire Kampusch », qui a traîné des années, a été au fond une source de dilapidation insensée de l'argent du contribuable et une colossale mobilisation de ressources. Même les 600 pages du rapport final du parquet d'Innsbruck, qui a enquêté pendant dix mois sur les procédures internes du parquet de Vienne, se ramènent à une seule phrase : Personne n'a conclu prématurément à la culpabilité du seul Priklopil ; il n'existait tout simplement aucun indice du contraire. C'était en novembre 2011. Mais ce que nous refusons d'admettre ne peut pas exister. Au suivant !

*

Dans ma ville natale de Vienne, qui est certes une métropole mais aussi un petit village, être une

---

1. *Profil*, 3 janvier 2010.

« personne publique » ne signifie rien d'autre que devoir se justifier devant l'opinion. Le Viennois est bien informé et n'en fait pas mystère. Pendant la phase de bras de fer judiciaire – qui était aussi un bras de fer politique –, pendant la phase d'emballement médiatique du « Natascha Gate », chacun de mes pas s'apparentait à un parcours du combattant. Dans les transports en commun, différents groupes se formaient, fédérés par la curiosité, l'empathie ou la haine. Certains me témoignaient leur compassion – Cela ne s'arrêtera donc jamais ? Mais qu'est-ce qu'ils vous infligent ! –, d'autres prétendaient l'avoir toujours su, d'autres encore me posaient des questions obscènes – Quelle impression ça faisait, de devoir « être toujours prête » ? Et comment vous faisiez pour la contraception ?

Les plus pénibles étaient les bandes de garçons pubères. Si je ne réagissais pas à leurs remarques, ils claironnaient des insultes ou braillaient des blagues graveleuses. « Tous les enfants jouent avec des Playmobil, sauf Natascha, qui joue avec son Priklopil. »

Selon les psychologues, les blagues ont toujours été un moyen pour les hommes de gérer ce qu'ils ne comprenaient pas. Plus l'humour est noir et macabre, plus il remplit sa fonction : évoquer une horreur à peine dicible et la manier malgré sa propre impuissance. Quelques jours seulement après mon évasion, les premières blagues sur Kampusch faisaient déjà le tour de l'Autriche. Sur le fond, cela ne me pose pas de problème. Je suis à vrai dire quelqu'un qui aime la vie, j'adore rire et je possède une bonne dose d'autodérision. Mais être coincée dans un tramway plein à craquer, cramponnée à la barre, ou vouloir disparaître sous son siège tandis que tout le wagon beugle et rigole autour de vous, c'est humiliant. Souvent, dans de telles situations, je suis descendue précipitamment à la station suivante, sous les gloussements et les regards narquois. C'est une chose de raconter ce genre de plaisanteries en petit comité après quelques verres de vin, c'en est une autre de ridiculiser en public une personne qui a été bien malgré elle la victime d'un crime.

Si ces dérapages n'avaient été le fait que des seuls adolescents, je pourrais dire qu'on passe l'éponge, que ce n'est qu'une phase bébête durant laquelle on cherche à se distinguer et à se faire remarquer tout en étant protégé par le groupe. Mais les dérapages que se sont autorisés des adultes à mon égard ont été incomparablement plus graves. Ils survenaient toujours lorsque les médias venaient de dévoiler une prétendue révélation, un nouveau scandale dans le « cas Kampusch ».

Quand les médias ont fait leurs choux gras du soupçon m'accusant d'avoir accouché d'un enfant en captivité et de m'en être débarrassée, mort ou vif, au choix, cela a été particulièrement horrible pour moi. La rumeur était apparue pour la première fois en avril 2008, après la publication partielle d'éléments de dossiers gardés sous clé. Ainsi, fin janvier 2011, alors que tout semblait terminé, on a ressorti l'affaire. Selon certains politiciens du FPÖ[1], « de sérieux indices tendaient à prouver » que j'étais susceptible d'avoir mis au monde un enfant dans le cachot. Il se pourrait qu'il soit enterré dans le jardin ou qu'il soit encore en vie dans un lieu inconnu[2].

Le point de départ de cette affirmation infondée était une boucle de cheveux et un petit carnet sur l'anatomie et les soins aux nourrissons retrouvés dans le cachot parmi mes affaires mises sous scellés. Le carnet n'était qu'une lecture parmi d'autres, au même titre que les romans sentimentaux, les dictionnaires, les journaux, les BD ou les livres d'aventures et les romans de science-fiction que le ravisseur m'avait apportés dans le réduit. La boucle de cheveux, c'est moi qui me l'étais coupée avant qu'il ne me rase la tête, pour pouvoir me souvenir de leur couleur et de la sensation qu'ils procuraient au toucher.

Bien que les autorités en charge de l'enquête aient sondé de fond en comble le sous-sol du jardin de la maison de Strasshof sans tomber, évidemment, sur le moindre cadavre d'enfant, les murmures sur « l'infanticide » potentiel ont tardé à s'éteindre. Et bien que les examens médicaux subis à l'hôpital général

---

1. Parti d'extrême droite populiste et nationaliste autrichien. *(N.d.T.)*

2. www.bz-berlin.de/artikel-archiv/natascha-kampusch-kind-mit-dem-entführer.

de Vienne aient conclu sans équivoque que je n'avais jamais été enceinte, la commission d'enquête a dû se pencher sur cette question. L'histoire a fait de nouveau la une de différents journaux. Un jour que je sortais de bon matin de mon appartement, une dame d'un certain âge s'est précipitée sur moi et m'a asséné un coup de son journal roulé sur la tête en me lançant : « Où tu l'as enterré ce pauvre enfant, espèce de truie ?! » Après quoi, elle a jeté le journal par terre et elle est repartie pesamment. Un coup d'œil au gros titre à la une suffisait pour savoir quel article elle venait de lire.

Sur Internet, on m'a traitée de « pute ». On a écrit qu'il fallait qu'on me « fasse ma fête » parce que « l'autre coincé » n'avait pas vraiment réussi son coup. « Et encore, elle serait capable d'aimer ça, la salope ! » Dans le métro, les gens chuchotaient derrière mon dos qu'il fallait m'enfermer et que je devrais épargner ma vue aux autres. J'ai reçu des lettres de plusieurs pages où des hommes déversaient leurs fantasmes sur les « femmes soumises » qu'ils voulaient humilier et auxquelles ils vouaient un mépris que je n'avais jamais rencontré, même durant ma captivité. Et moi qui croyais naïvement avoir été la proie d'un esprit dérangé unique en son genre.

Les bons jours, je réussissais à passer l'éponge sur toutes ces humiliations. Ce n'est pas vraiment moi qu'ils visent ; ils se cherchent juste une soupape pour lâcher leurs fantasmes pervers. Les mauvais jours, cela me terrorisait tellement que je me terrais chez moi. Je ne répondais pas au téléphone, je n'ouvrais pas la porte, peu importe qui frappait.

Le mépris des femmes, le manque général de respect et la violence sous-jacente dans le rapport à l'autre, associés à une curieuse conception de la sexualité (réprimée), aux fantasmes d'abus sexuels et peut-être même aux souffrances dues à d'éventuels sévices demeurent des sujets tabous dans notre société. L'attention portée à ces thèmes a sûrement augmenté du fait des scandales retentissants survenus au cours des dernières années, notamment au sein de l'Église. Mais la focalisation – nécessaire et légitime – sur certaines structures supranationales, qu'il s'agisse d'éventuels cartels du silence au sein de l'Église ou, dans mon cas, d'hypothétiques « réseaux de pornographie » qui agiraient dans l'ombre et se cacheraient derrière le crime dont j'ai été victime, et la concentration sur la criminalité à grande échelle détournent trop facilement notre regard de la criminalité à petite échelle. De la folie quotidienne à l'œuvre dans les familles de notre entourage immédiat, dans le voisinage, dans la sphère publique. Nous regardons quand la curiosité nous anime et nous détournons la tête quand nous craignons d'être dépassés par ce que nous risquons de voir. Pourtant, le loup qui mange les biquets est aussi capable d'avaler de la craie et de se mettre une coiffe blanche ornée de dentelles.

Dans mon cas, il n'y avait pas d'ambiguïté sur le vrai loup. Mais pas pour l'extérieur, ni le voisinage ni l'environnement immédiat. Pour moi, il était un vrai loup. Au fur et à mesure de ma détention, il avait évolué du statut de ravisseur à celui de seule personne de référence, sans que j'aie jamais perdu de vue l'acte qu'il avait commis. Il était l'homme qui m'avait volé ma famille, mon enfance et ma jeunesse. Au fil des années, à cause de la relation très particulière qui unit un ravisseur et sa victime, il était devenu peu à peu un adversaire à ma hauteur. Avec les « loups » qui ont croisé mon chemin par la suite, en liberté, je n'étais pas à la hauteur. Je ne pouvais pas l'être. Ils se faisaient passer pour des sauveurs, désireux de tirer les choses au clair, ils étaient dotés d'un pouvoir et d'une sphère d'influence immenses ; ils instrumentalisaient et étaient eux-mêmes instrumentalisés. De victime, je suis devenue coupable ou complice potentielle et menteuse.

C'est ainsi que les failles de l'enquête, qui avaient de fait soulevé de vraies questions, ont été traitées assez vite et reléguées au second plan. Par exemple le fait que certains témoignages ou indices aient été négligés, comme celui du maître-chien qui avait signalé un original capable, selon lui, d'un acte de ce genre. Ma situation aurait *peut-être* pu être changée si l'on avait sérieusement suivi cette piste. Même si une inspection rapide de la maison et du terrain avec des chiens renifleurs n'aurait probablement pas permis de me retrouver. La dissimulation du chemin menant à mon cachot était sans doute trop parfaite, l'espace de vie que m'avait réservé le ravisseur trop profondément enfoui, derrière des murs trop épais. Les mesures de précaution étaient trop parfaites, à commencer par la fourgonnette blanche pleine de gravats quand la police l'a interrogé lors de recherches à grande échelle, ainsi que mon crâne rasé, sans oublier l'élimination des ordures de la maison dans des poubelles publiques réparties sur un vaste périmètre afin qu'on ne trouve aucune trace de moi.

Résultat des courses : une foire aux ragots qui ne pouvait être étayée par aucun argument. Quand on leur posait la question, ces messieurs réagissaient de façon fuyante ou absconse, en se retranchant par exemple derrière l'obligation au secret professionnel pour l'enquête en cours ou en se plaignant que celle-ci soit entravée. Parce que la vérité entière était bien entendu dissimulée, qu'on leur cachait des documents et des faits importants : quand tout serait enfin dévoilé, « certaines personnes perdraient la face. En premier lieu Natascha Kampusch elle-même » ; mais il n'était pas simple d'y parvenir, comme le déclarait M. Adamovich : « Allez donc déboulonner une icône[1] ! »

Tel semblait donc être l'enjeu. Seulement : pourquoi fallait-il que mes déclarations, que la vérité soit réfutée ?

---

1. *Profil*, numéro 29, 13 juillet 2009.

Ce qui devait être étalé au grand jour était clair : « Il y a une chose qu'on ne doit pas oublier. Il s'agissait d'un enlèvement sans demande de rançon, et il n'y avait pas non plus de problème d'autorité parentale en arrière-plan. Que reste-t-il alors ? La composante sexuelle. [...] Bien sûr, la société n'a pas seulement le droit, mais elle a intérêt à ce qu'un deuxième violeur d'enfants potentiel ne courre pas en liberté. D'autant plus s'il existe différents indices que [...] un réseau pédophile soit éventuellement alimenté en série[1]. »

Comme les déclarations se ressemblent ! C'était trois ans après la lettre ouverte au journal *Österreich*. Entre-temps, le dossier avait été refermé (janvier 2010), on avait créé une nouvelle commission d'enquête parlementaire (décembre 2011) et, un mois avant l'entretien de Rzeszut avec *News,* la rumeur de « l'enfant Kampusch-Priklopil » avait pris une curieuse tournure. Un inspecteur de police s'était présenté dans une école de la petite ville de Laxenburg, sous prétexte d'assurer une séance d'éducation à la sécurité routière. Quand, en classe, l'homme a montré à l'institutrice la photo d'une élève en lui demandant des échantillons d'ADN de la fillette, l'institutrice a conçu de sérieux doutes et immédiatement prévenu la directrice. Sommé de s'expliquer par cette dernière, l'inspecteur a prétendu qu'il avait pour mission de rechercher la fille

---

1. Entretien de Rzeszut avec *News*, 5 mars 2012.

de Mme Kampusch. Le soupçon à confirmer était le suivant : j'aurais confié l'enfant à la sœur d'Ernst H., l'ami de Priklopil, qui l'aurait élevée. Après l'incident de l'école, la sœur a porté plainte et fait procéder à des analyses génétiques qui ont prouvé sans équivoque qu'elle était la mère. Quelles conséquences les recherches induites par cette théorie du complot ont eues pour la mère et la fille ainsi que pour les camarades de classe, personne ne s'en est préoccupé !

Des indices avaient permis d'établir que l'inspecteur de police n'avait pas agi totalement de sa propre initiative, mais qu'il avait pu être en contact avec Rzeszut. L'ancien président de la Cour suprême a finalement été appelé à comparaître devant le tribunal, au printemps 2015, pour répondre d'une accusation de fausse déclaration. En effet, il avait prétendu, dans un premier temps, ne pas connaître du tout l'inspecteur, puis il avait admis l'avoir rencontré à deux reprises dans un café, rien de plus. En épluchant ses données téléphoniques, on a obtenu un tout autre tableau : de multiples échanges avaient eu lieu avant et après l'incident de Laxenburg. Invité à se justifier, Rzeszut a répondu qu'il avait peut-être « eu un tunnel mental » et qu'étant donné « l'abondance d'appels téléphoniques » il ne pouvait pas, avec la meilleure volonté du monde, « se souvenir du moindre petit appel téléphonique ».

La juge a été très compréhensive : « Je crois, dans le doute, que vous avez oublié de l'évoquer. » Puis elle a conclu : « Je suis désolée de ce que vous avez dû endurer[1]. »

*

J'aurais beaucoup aimé entendre ne serait-ce qu'une fois une phrase similaire de la bouche d'un magistrat. Au contraire, la machine est repartie de plus belle. En juin 2012, on a décidé de rouvrir de nouveau le « cas Kampusch », cette fois en appelant des spécialistes extérieurs à la rescousse. Des experts du FBI et de la direction générale de la police judiciaire allemande (BKA) spécialisés dans les affaires classées sont donc venus prêter main-forte. Pendant des semaines, ils ont dépouillé des milliers de pages de dossiers, qu'il avait fallu traduire au préalable pour les Américains. Neuf mois plus tard, les experts rendaient leurs conclusions, confirmant que certains indices n'avaient pas été exploités, que Priklopil avait agi seul et qu'il n'avait aucun lien avec de quelconques réseaux pornographiques, et qu'il s'était effectivement suicidé.

Après sept années et bien des boucles, il ne restait plus que ce qui était là d'entrée de jeu. À la télévision, une émission spéciale a réuni les experts du BKA pour une prise de position, mais aussi quelques politiciens et des juristes. Appelée à s'exprimer sur le résultat de l'enquête, une femme politique du FPÖ a

---

1. *Kronenzeitung*, 27 février 2015.

Dans la boucle sans fin

déclaré : « Je pense que, si Mme Kampusch devait un jour avoir le sentiment qu'elle doit peut-être raconter toute la vérité – et il est prouvé qu'elle ne l'a pas toujours dite –, il serait alors bien sûr possible qu'on poursuive les investigations[1]. »

Il semble que cela ne s'arrêtera jamais. Mais contre les théories du complot, les arguments et la vérité sont impuissants. La folie sévit toujours.

---

1. Dagmar Belakowitsch-Jenewein dans l'émission d'actualité « ZIB », 15 avril 2013.

Épilogue

> *« 25 years of my life and still*
> *I'm trying to get up that great big hill of hope*
> *For a destination*
> *I realized quickly when I knew I should*
> *That the world was made of this brotherhood of man*
> *For whatever that means*
> *[...]*
> *And I try*
> *Oh my god do I try*
> *I try all the time*
> *In this institution*
> *[...]*
> *And so I wake in the morning*
> *And I step outside*
> *And I take a deep breath and I get real high*
> *And I scream from the top of my lungs*
> *What's going on*[1] *? »*

---

1. Extrait de la chanson « What's Up ? » du groupe 4 Non Blondes, sortie en 1992 sur leur premier album *Bigger, Better, Faster, More !*

Il y a quelque temps, j'ai réentendu cette chanson à la radio et je me suis souvenue combien elle avait compté pour mon cousin et moi. Enfants, nous étions toujours fourrés ensemble et c'était notre chanson préférée. C'est tout juste si nous ne nous disputions pas pour savoir qui l'aimait le plus et qui l'avait le plus écoutée.

Je me suis souvent perdue et retrouvée dans la musique, dans certains textes. Durant ma captivité, il m'arrivait, certains jours, de hurler les paroles de la chanson « *You don't own me. I'm not just one of your many toys. You don't own me* » dans le cachot. D'autres jours, j'étais recroquevillée sur mon lit, tout juste capable de gémir : « *Don't tell me what to do. Don't put me on display, don't try to change me, don't tie me down.* » Mais cette chanson contenait aussi la phrase « *I'm free and I love to be free, to live my life in the way I want*[1] ».

Ces lignes m'aidaient à tenir bon ; elles contenaient une promesse pour l'avenir. Vivre enfin ma vie comme je l'avais toujours imaginé. Au cours des dix dernières années, le plus beau cadeau que je me suis offert, c'est la liberté. La joie d'avoir surmonté la difficile période de ma captivité m'a donné de la force. Je débordais d'énergie, j'avais un immense appétit d'action et j'aurais voulu tout faire en même temps, réaliser toutes mes idées, sinon dans les deux

---

1. La chanson *You Don't Own Me* est interprétée à l'origine par Lesley Gore, mais il en existe une version par Bette Midler.

minutes, du moins dans les deux ans. Enfant déjà, j'éprouvais un profond besoin de prendre ma vie en main et j'imaginais souvent qu'un jour, quand je serais grande, je me dépasserais et que je ferais quelque chose qui épaterait tout le monde. Petite, je manquais de cette confiance en moi, que j'ai projetée durant ma détention sur mon « grand moi », sur la Natascha adulte qui me prendrait un jour par la main et me guiderait vers la liberté. Dans ma tête, j'ai toujours été libre ; il y a dix ans, j'ai réussi à venir à bout des murs de ma prison. Mon passé a eu des répercussions sur ma vie actuelle, dans la mesure où il m'a évidemment marquée et donné une certaine force et une bonne capacité de réflexion. Au cours de ces huit années et demie, j'ai appris à tirer le meilleur parti de ma situation, si impossible soit-elle. J'ai essayé de ne pas rendre le Mal pour le Mal, de ne pas me laisser détruire par des énergies mauvaises et de rester un être humain. À l'époque déjà, le dialogue intérieur avec moi-même m'a été d'un grand secours. D'abord par manque d'interlocuteur, mais aussi parce que j'en avais un profond besoin. J'ai une conscience aiguë de moi-même. Je me vois et j'essaie d'avoir une vision claire de ce qui se passe en moi. Parfois, mon regard plonge directement dans l'abîme. Même chez les autres. Cela peut être choquant, mais ces abîmes font partie de la vie. J'essaie, notamment par la thérapie, de nettoyer ma psyché, ma tête, mon âme, et de remettre les choses en question. Je m'efforce de laisser une place à la raison et à l'intuition, de préserver un juste équilibre entre ces deux forces.

Au cours de ces dix dernières années en liberté, j'ai vécu des expériences précieuses pour moi. Certaines très belles, d'autres extrêmement pénibles. Parfois, quand je me réveillais, je me demandais ce qui « se passe », comme dans la chanson des 4 Non Blondes. Il y a eu des périodes où je n'avais pas l'impression de maîtriser quoi que ce soit. Le désespoir et le sentiment d'impuissance que j'en ressentais étaient parfois plus éprouvants que les sévices imposés par le ravisseur.

Le plus difficile a été d'assumer. Assumer mon histoire et les réactions qu'elle suscitait, assumer les impressions que le monde produisait sur moi, les émotions qu'il déclenchait en moi et celles que je déclenchais chez les autres. Assumer les attentes, les espoirs et les déceptions. Pendant ces années, je me sentais parfois comme un mur recouvert de toutes sortes de couches de peinture, si bien qu'à la fin je ne me reconnaissais plus.

La plupart des gens que j'ai rencontrés, qu'il s'agisse de personnes de mon entourage ou de parfaits inconnus, avaient leur propre version de moi en tête. Chacun avait des représentations différentes et les projetait sur moi. Soit pour se différencier radicalement de moi et me rejeter en lieu et place de l'acte criminel, soit pour voir en moi en quelque sorte un reflet de soi. Au quotidien, nous servons constamment de miroir aux autres, c'est une composante de notre « vivre-ensemble ». En captivité, je n'avais à satisfaire au besoin de miroir que d'une seule personne. J'ai réussi à me prêter au jeu, sans me perdre moi-même. Après la fin de ma détention, j'étais dépassée par la nécessité de répondre aux besoins, aux attentes et aux injonctions des gens les plus divers. Je croyais devoir les satisfaire, devoir comprendre et accepter ce que les autres jugeaient bon. Suivre le chemin qu'ils avaient prévu pour moi, sans savoir où cela me mènerait. Mon propos peut sembler un peu abstrait, mais on peut s'imaginer la situation ainsi : Une première personne disait « va à gauche », la deuxième « va à droite », et la troisième « ne va surtout nulle part ! ».

Au milieu de tous ces guides extérieurs – généralement bien intentionnés –, je me suis un peu perdue moi-même, pendant un temps. Je m'étais pourtant promis de rester authentique, mais ce n'était pas facile dans la mesure où je me trouvais prise dans une multitude de motivations et d'intérêts qui ont évolué avec le temps. Au cours de ces dernières années, les forces les plus diverses se sont emparées de mon histoire. Dès 2006, peu après ma première interview, Marlene Streeruwitz a parfaitement anticipé ce mécanisme :

> *Fascination d'un côté comme de l'autre. Une société se dévoile, qui ne peut s'exprimer que dans le besoin ou l'admiration. L'envie et l'idéalisation doivent pouvoir s'inscrire dans l'histoire proposée*

pour permettre de se l'approprier. L'histoire racontée est déjà réécrite au moment même où elle est racontée. Dans le rejet ou l'aversion. De cette façon, l'histoire appartient à tous. Les auditeurs se substituent à la narratrice au fur et à mesure qu'ils l'écoutent et remplissent l'histoire de leurs propres préoccupations. [...] Nous voici dans le cas présent totalement livrés à cette victime concrète, Natascha Kampusch, [...] chacun ayant la vague impression d'être lui-même une victime. [...] On fait des suppositions. On projette. L'incapacité à penser la victime [...] [conduit à] préférer dissimuler le statut de victime afin de ne pas provoquer de contre-récit, qui dépouillerait la victime une nouvelle fois[1].

Tous se sont transformés en spécialistes de ma vie : les journalistes désireux de combler voire d'enjoliver les « lacunes » de ma biographie pour booster leurs tirages, les hommes et femmes politiques en mal d'image de démystificateurs, la justice et la police que l'on a montées l'une contre l'autre, les révélateurs autoproclamés de « l'entière vérité », et ainsi de suite. Et prise entre tous ces feux, une opinion publique qui, peu à peu, ne savait plus ce qu'elle devait penser, ni de moi ni de toute l'affaire, mais qui finissait

---

1. Marlene Streeruwitz (écrivaine autrichienne) : « *Umstellt von Erziehern* » (« Cernée par les éducateurs »), *Der Freitag*, 15 septembre 2006.

peu à peu par me traiter davantage avec rejet qu'avec compréhension.

Au quotidien, c'était très difficile à vivre. Au début, je me demandais chaque fois : Que pensent ces gens de moi ? Que voient-ils en moi, que savent-ils de moi, qui génère cette froideur dans leurs regards ?

J'ai consacré – ou dû consacrer – beaucoup de temps, en particulier pendant la thérapie, à me faire à l'idée que tout ce qui se passait n'était pas directement lié à ma personne ou à mon caractère. Mais plutôt au fait que cette histoire s'était lentement éloignée de la réalité telle qu'elle s'était vraiment produite et telle que je l'avais vécue. J'ai dû accepter l'idée qu'elle s'était ainsi également détachée peu à peu de ma vie et de ma réalité. En accord avec moi-même, j'ai décidé que toutes ces nouvelles évolutions et révélations – et les réactions qu'elles suscitaient – ne m'intéressaient plus, ne devaient plus m'intéresser, sinon cela finirait par me détruire. Je ne suis pas tenue d'accepter la moindre coupe de ciguë que l'on me tend, ni de me sentir coupable de la refuser.

Pendant les années de détention, j'avais l'impression que quelqu'un m'avait vidée de l'intérieur et m'avait subtilisé ma vie. Au cours des dernières années, j'ai parfois eu l'impression qu'on me volait le droit d'être moi-même. Lors des interviews, on me demandait sans cesse comment j'allais. Si j'étais heureuse et enfin libre, vraiment. J'aurais voulu dire : non, sinon, je ne serais pas ici et je n'aurais pas entendu toutes ces réflexions débiles lancées sur mon passage. Le plus triste est que cette question n'était souvent qu'une question rhétorique. Rares étaient ceux qui souhaitaient sérieusement savoir que je m'efforçais d'avancer positivement dans l'existence. Malgré tout ce que j'ai vécu, et peut-être à cause de cela. Dans quelle loi est-il écrit que, lorsque l'on a souffert ou été malheureux une fois, on doit rester dans cette spirale négative jusqu'à la fin de ses jours ?

L'une des expériences les plus bouleversantes que j'aie faites dans ma relation avec les autres a justement été de constater que beaucoup d'entre eux possédaient cette sorte très particulière de fatalisme. Je ne peux pas aller bien, parce que... Ce n'est pas possible que..., parce que... Des gens qui ne voient que le négatif en eux, pas le positif ni la force, peut-être enfouis depuis longtemps. Chaque être est singulier, chaque destin est différent. Mais je crois fermement que nous ne sommes pas condamnés à subir notre sort. Nous pouvons nous autoriser à accepter le plus beau cadeau offert par la vie : la liberté d'en faire ce que nous voulons.

J'ai l'impression qu'il m'a fallu attendre tout ce temps pour que les aspects qui me caractérisent parviennent peu à peu à s'exprimer de nouveau : l'énergie débordante, le besoin d'agir et la volonté tenace.

Je sais que je ne me débarrasserai jamais tout à fait de la deuxième période de ma vie. Mais à présent que j'ai commencé à nager vers le large, je souhaite qu'on cesse à l'avenir de me rappeler toujours les limites du bassin. Je n'ai pas eu la possibilité de passer toute ma jeunesse comme les autres, à caresser des idées pleines de promesses et de grands projets et, maintenant que je suis adulte, je souffre qu'on ne cesse de me coller sur le front le tampon « une fois victime, toujours victime ». Dans ces moments-là, je me sens comme un comédien contraint de débiter jour après jour le même monologue sur scène. Une boucle sans fin, sauf que la scène, c'est ma vie, et que j'aimerais assez me glisser dans un autre rôle pour une fois.

« *I'm trying to get up that great big hill of hope* », dit la chanson que j'évoquais au début de ce chapitre. Je ne veux pas renoncer à l'espoir car c'est l'un des ressorts les plus puissants que nous ayons. La vie est un processus dont le résultat importe moins que le chemin parcouru pour y parvenir. Mon chemin n'est sûrement pas comparable à celui de la plupart des gens. Mais je souhaite pouvoir le suivre, quels que soient les tours et les détours qu'il prendra. Je souhaite que mon existence soit aussi remplie que possible et je veillerai à ne pas gaspiller le temps précieux qu'il me reste. Je sais combien c'est important : ma captivité me l'a enseigné, mais aussi la période qui a suivi. Car on ne vit qu'une fois, et ceci est ma vie.

Annexe

Chronologie des événements

2 mars 1998 : Ce lundi matin-là, vers 7 h 15, je suis enlevée sur le trajet de l'école, située à Brioschiweg, par un homme qui me jette dans une fourgonnette blanche. C'est là, dans la Melangasse, que s'achève le dernier jour de mon ancienne vie et que commence une captivité de plusieurs années, aux mains de mon ravisseur, Wolfgang Priklopil.

En début de soirée, ma mère dépose un « avis de disparition » au commissariat d'arrondissement de Donaustadt. Le commissariat central prend le relais ; les premières recherches se concentrent sur le secteur de la cité du Rennbahnweg, même si la police se veut encore rassurante. L'enfant n'a peut-être fait qu'une fugue et reviendra dans quarante-huit heures. Ma mère est formelle : « Au bout de quarante-huit heures, je l'ai su avec certitude, elle est incapable de faire la tête aussi longtemps et de se cacher quelque part dans un coin. En plus, ça ne lui ressemblerait pas du tout. C'est une enfant si fiable : elle ne fait pas de détour quand elle va à l'école et elle revient directement à la maison. Il doit lui être arrivé quelque chose. »

3 mars 1998 : Le premier témoin se manifeste. Une enfant de douze ans déclare avoir vu une fillette traînée de force dans une voiture blanche et haute (vraisemblablement un Ford Transit), qui est ensuite partie à vive allure. Elle parle de deux ravisseurs, l'un assis au volant, l'autre qui m'aurait jetée dans la voiture par la porte coulissante. Par la suite, sa déclaration sera toujours invoquée pour étayer la théorie de l'existence de plusieurs criminels.

5 mars 1998 : Les recherches, qui jusque-là étaient limitées au voisinage de mon école et de l'appartement de ma mère, sont étendues à toute l'Autriche. L'un des enquêteurs dit à la presse : « Nous ne progressons pas, il faut le reconnaître ouvertement. »

15 mars 1998 : L'édition du dimanche du *Kurier* annonce une première avancée de l'enquête. D'après le détective professionnel Walter Pöchhacker, d'abord mandaté par le journal, puis agissant pour son propre compte, le ravisseur doit être recherché dans l'entourage proche de la fillette. Il se pourrait qu'il y ait « quelqu'un qui sache tout sur sa disparition ». La traque de ma famille commence. Ma mère, surtout, est en butte aux accusations et aux soupçons les plus absurdes et se voit parfois clouée au pilori.

6 avril 1998 : Dans le cadre d'une vaste opération de contrôle des propriétaires de fourgonnettes blanches, deux officiers de police se rendent au domicile de

Wolfgang Priklopil. Son casier judiciaire est vierge. Il se montre coopératif et présente avec empressement son véhicule, qui contient des gravats et quelques matériaux de construction. Il n'y a pas de témoin pour confirmer son alibi. Mais pas de raison non plus de le mettre en doute.

11 avril 1998 : Le journal *News* publie de prétendues photos érotiques de moi. Ma mère était toujours prête à montrer des photos de moi et de notre famille aux journalistes qui venaient la voir. Cette fois-là, certaines lui avaient été dérobées pendant qu'elle allait à la cuisine faire un café pour les journalistes présents. Les clichés d'une enfant qui, comme tous les enfants, adore simplement se déguiser sont dévoyés dans les médias et transformés en images pornographiques. Pour d'aucuns, c'est la preuve que mes parents ou leur entourage m'auraient abusée sexuellement ou auraient vendu des photos « obscènes » à des réseaux intéressés par ce genre de matériaux.

14 avril 1998 : Les enquêteurs reçoivent un premier indice concret visant Wolfgang Priklopil, émanant d'un maître-chien de la police viennoise. Tout y est : la description d'un original solitaire, le soupçon de penchant pour les enfants, la suspicion de possession d'armes, l'adresse, la maison de la Heinestraße qui, de l'extérieur, semble barricadée et hautement sécurisée. Le signalement est classé sans suite.

C'est principalement cette « négligence » prétendue ou réelle qui enflammera la discussion autour des failles de l'enquête. Monté en épingle dans les médias, l'ensemble devient un sujet à part entière. Pour moi, ces informations et l'instrumentalisation qui en a été faite par la suite sur la scène politique avaient un goût amer. En même temps, je me suis efforcée de garder un certain recul face à ce genre de révélations. Ce serait une erreur de se focaliser là-dessus, cela ne change rien aux faits. Il n'en reste pas moins qu'il y avait eu, six semaines après ma disparition, une petite chance de me retrouver et de mettre un terme à temps à mon enlèvement.

1998 à 2002 : Des détectives privés et des enquêteurs « autodésignés » – c'est-à-dire agissant sans mandat officiel – comme le juge des affaires familiales, alors député, Martin Wabl, chauffent à blanc la police et l'opinion publique. Mes parents sont contraints de passer un test au détecteur de mensonges. Se raccrochant à n'importe quelle branche, ils se laissent instrumentaliser et monter l'un contre l'autre par les médias. Des sourciers sont sollicités, des contacts sont pris avec l'au-delà. Une foule d'opportunistes téléphonent pour revendiquer l'acte, prétendant me détenir ou savoir où mon cadavre a été jeté.

Ma mère, plus que quiconque, est traînée dans la boue, accablée de reproches immondes. Selon l'un, elle m'aurait assassinée avec l'aide d'un hypothétique amant et se serait débarrassée de mon corps dans un étang. Selon un autre, j'aurais été abusée sexuellement dans ma famille et il aurait fallu m'éliminer, car je voulais déballer l'affaire. Les soupçons d'une implication de ma mère ont la peau particulièrement dure. Le magistrat en retraite Martin Wabl porte plainte contre elle en 2007. Durant le procès, il est accompagné et conseillé par le détective Pöchhacker.

Ma mère gagne le procès : en novembre 2001, le magistrat se voit interdit par décision de justice de continuer à prétendre que ma mère est impliquée dans l'enlèvement.

Le verdict sera confirmé jusqu'en dernière instance. Après mon évasion, Wabl réclame la réouverture du dossier, étant entendu que je dois, selon lui, être considérée comme une nouvelle « pièce à conviction ». Sa requête est reçue, et la bagarre juridique ne cessera qu'en 2009, avec le même résultat qu'en 2001.

17 juillet 2002 : Le ministère de l'Intérieur ordonne que le commissariat central de Vienne soit dessaisi de l'enquête, qui est confiée aux collègues d'Eisenstadt dans le Burgenland. Une nouvelle commission spéciale y est créée avec pour mission de traiter de nouveau systématiquement tous les éléments et de vérifier tous les indices. Mais il y a trop peu de personnel pour de trop nombreux dossiers.

23 août 2006 : À l'heure du déjeuner, je réussis à m'enfuir après 3 096 jours de captivité. L'attention du ravisseur est distraite par un appel téléphonique, la porte arrière du jardin est entrebâillée. Je m'élance, je cours dans un petit chemin et je tourne dans la Blaselgasse et, de là, je me précipite vers les jardins ouvriers qui entourent une cité. Dans l'une des maisons, une fenêtre est ouverte et je me signale à la personne à l'intérieur. La dame, qui après quelques hésitations, appelle la police, ne veut cependant pas me laisser entrer dans la maison et dit : « Pourquoi venez-vous chez moi ? » Je suis paniquée et je tremble comme une feuille à l'idée que le ravisseur puisse à tout moment me retrouver et me récupérer.

Le même soir, Wolfgang Priklopil se jette sous un train de banlieue non loin de la station Praterstern.

24 août 2006 : Environ une heure après la diffusion sur les télescripteurs de la nouvelle de ma fuite, la veille, et sa propagation à la vitesse de l'éclair dans les médias électroniques, un Canadien est le premier à retenir un nom de domaine sur Internet contenant le nom de Natascha Kampusch. Peu de temps après, toutes les variantes possibles et imaginables sont déjà prises. Mes avocats mettront plusieurs jours à récupérer ces noms de domaine pour empêcher qu'un mauvais usage n'en soit fait. Un peu plus de deux semaines après mon évasion, un homme tente de déposer à l'Office européen des brevets de Munich la marque « Natascha Kampusch ». Sans succès toutefois.

25 août 2006 : Une expertise ADN confirme que la « jeune femme confuse » retrouvée dans la cité près des jardins ouvriers est effectivement « la victime d'enlèvement Natascha Kampusch ». Une première conférence de presse en présence de la ministre de l'Intérieur et du responsable de l'enquête est organisée.

28 août 2006 : Dans une « Lettre à l'opinion publique », je demande instamment aux médias d'observer un temps de calme et de réserve jusqu'à ce que j'aie suffisamment recouvré mes forces pour être en mesure de m'exprimer moi-même sur les événements. L'apaisement escompté ne se produit pas, la « course » à la première photo reprend de plus belle, de prétendues citations de moi sont déjà publiées. De la même façon, les déclarations confidentielles faites à des fonctionnaires et des psychologues de la police se fraient un « chemin vers l'extérieur ».

6 septembre 2006 : Afin de réduire la pression publique et de couper court aux spéculations, il est décidé que j'accorderai trois interviews, à la *Kronenzeitung*, au magazine *News* et à la chaîne de télévision ORF. L'interview télévisée de quarante-cinq minutes est diffusée le soir même à 20 h 15, une heure plus tard en Allemagne. L'émission est retransmise intégralement dans dix pays européens, et partiellement dans cent vingt pays.

21 septembre 2006 : La procédure contre Wolfgang Priklopil est suspendue pour cause de décès. En novembre, la police boucle également le dossier sur l'autre homme qui pendant un temps était soupçonné – sans raison – d'être impliqué dans l'enlèvement.

4 octobre 2006 : Le magazine *Stern* spécule sur des « rituels sadomasochistes avec Natascha ». À peine six mois après mon évasion, je suis au cœur d'une écœurante « campagne d'information », qui mérite tout sauf ce nom. Campagne dans laquelle, si l'horreur de ce qui s'est vraiment passé ne suffit pas, on se doit de l'enjoliver, la déformer et en rajouter. À ce jour, cette vague n'est pas totalement retombée ; elle est généralement combinée avec des hypothèses sur l'existence de plusieurs complices, voire d'un grand réseau pornographique qui s'étendrait forcément jusqu'aux plus hautes sphères, sinon il aurait été démasqué depuis belle lurette. Là où il n'y a rien, il n'y a rien à dévoiler non plus. De mon point de vue, il n'y a rien à ajouter.

15 novembre 2006 : Le parquet confirme qu'il n'existe aucun indice donnant à penser que Priklopil n'ait pas agi seul. Les spéculations ne cessent pas pour autant, ni celles autour de prétendues « vidéos porno ».

5 février 2008 : Au sein de la commission de l'Intérieur du Parlement, Haidinger, l'ancien chef du BKA (responsable de la deuxième commission spéciale/Burgenland), évoque des indices qui auraient dû conduire à une élucidation plus rapide du cas, mais qui ont été dissimulés. Le ministre de l'Intérieur n'aurait pas souhaité divulguer l'information, voulant éviter qu'un scandale n'éclabousse la police avant les élections du Conseil national[1].

Le ministère de l'Intérieur réagit en créant un comité d'experts de six personnes chargé d'examiner ces accusations dans les mois suivants. Le comité est dirigé par Ludwig Adamovich, ancien président de la Cour constitutionnelle, secondé par Johann Rzeszut, ancien président de la Cour suprême à la retraite.

3 mars 2008 : Une commission d'enquête parlementaire est créée pour apporter toute la lumière sur le travail des différents ministères.

---

1. http://www.spiegel.de/politik/ausland/fall-kampusch-innenministerium-soll-fahndungspannen-vertuscht-haben-a-533764.html.

18 avril 2008 : Le journal gratuit *Heute* publie des fragments de mes premières auditions par la police. Les citations sont sorties du contexte et tronquées au point d'être méconnaissables. Au final, il reste que : j'aurais entretenu une relation sexuelle consentie avec le ravisseur (que peut-il y avoir de consenti dans de telles conditions ?) et éventuellement accouché d'un enfant. « Qu'est-il advenu d'un éventuel enfant ? L'a-t-elle perdu ou a-t-il disparu d'une façon qu'on ignore encore à ce jour ? » s'interroge le journal.

La prétendue grossesse est habilement mise en relation avec le travail du comité d'experts et de la commission d'enquête parlementaire, ce qui lui confère un caractère presque factuel. Dans la suite de l'article, d'autres détails de dossiers jusque-là confidentiels sont rendus publics. Ils avaient été mis à la disposition de la commission parlementaire pour son enquête. Avec une clause de confidentialité qui devait être signée.

Certains médias réclament que toutes les pièces du dossier soient rendues accessibles au public, toute autre disposition ne faisant qu'alimenter le soupçon de dissimulation, selon eux. Qu'il en aille ici de la protection d'une victime, des droits de la personnalité, ne compte manifestement pas. Bien au contraire : si je devais m'y opposer juridiquement, une telle décision ne ferait que prouver que j'ai beaucoup à cacher et que j'ai un intérêt à ce qu'un crime ne soit pas élucidé.

11 juin 2008 : Le rapport du comité d'experts est remis au ministère de l'Intérieur. Sur le fond, le rapport suggère que « les éléments d'enquête utiles » n'ont manifestement « pas été pleinement exploités » (notamment en ce qui concerne l'indice du maître-chien). Il n'y aurait toutefois pas d'indices d'une dissimulation ciblée.

23 octobre 2008 : La presse annonce que « le cas Kampusch » doit être rouvert. Un mois plus tard, une nouvelle commission spéciale reçoit du parquet le mandat de faire la lumière sur les questions non élucidées relatives au fonctionnement de la première enquête. La direction des opérations est confiée à Franz Kröll.

Par ailleurs, on réunit une autre commission dirigée par Adamovich pour résoudre les questions en suspens pointées par le rapport du comité d'experts.

Les mandats sont en principe clairs. Il doit s'agir de faits en lien avec les procédures internes de traitement de mon cas. Non de nouvelles investigations sur le cas lui-même. Néanmoins, le responsable de la commission oriente délibérément les recherches dans une autre direction bien connue. De nouveau, il est question de sexe, de réseaux pornographiques et de complices. Et très vite la suspicion d'abus sexuels revient sur le tapis, comme pourraient le suggérer – selon lui – les photos subtilisées à ma mère. Peut-être y aurait-il eu d'ailleurs un lien direct entre ma famille et le ravisseur.

Mai à août 2009 : Après un rapport intermédiaire non publié de la commission, les rumeurs et les spéculations repartent de plus belle. Le travail de l'instance qui a été créée pour faire la lumière sur les processus au sein de différentes administrations a pour effet de jeter de nouveau le discrédit sur mon entourage et sur moi. Dans une interview à un journal, Adamovich déclare que ma vie en captivité aurait peut-être été « de toute façon meilleure » que ce que j'avais « vécu avant ». Étant donné les conditions dans lesquelles j'aurais grandi, on ne pourrait pas sérieusement supposer que je sois devenue une victime « par hasard ».

Ma mère porte plainte contre ces allégations et Adamovich est condamné, en décembre 2009, à lui verser une amende de 10 000 euros pour diffamation. L'avocat du magistrat fait appel, et obtient gain de cause un an plus tard, le tribunal jugeant que les déclarations d'Adamovich ne dépassent pas les limites admissibles de la liberté d'expression[1].

Avant même d'avoir quitté la salle d'audience en première instance, il affirme que Priklopil n'était qu'un exécuteur. Il ne serait pas exclu que je couvre ses complices parce que l'on me ferait chanter avec des pièces compromettantes. Il existerait en outre des « indicateurs » d'une « relation positive, voire tendre » entre le ravisseur et moi, le fait notamment que j'aie eu un gâteau pour mon dix-huitième anniversaire « ne concordant pas vraiment avec le tableau d'une captivité sinistre ». Alors que, toujours selon lui, j'aurais été dans une « situation fâcheuse » pendant la période précédant mon enlèvement.

Je trouve toutes ces absurdes suppositions extrêmement humiliantes : ma période de captivité est tournée en dérision, mon comportement et celui de ma famille font l'objet de commentaires cyniques. Par leurs propos, Adamovich et Rzeszut réussissent à dévier de leur mandat effectif et à me faire passer du statut de victime à celui de coupable potentielle, ou tout au moins de menteuse.

---

1. *Der Standard*, 23 décembre 2010.

2 janvier 2010 : Le magazine *Profil* écrit que j'ai réussi par deux fois à m'enfuir, mais que je suis revenue de mon plein gré auprès de Priklopil.

8 janvier 2010 : Au cours d'une conférence de presse, la police et le parquet proclament que Wolfgang Priklopil a agi seul. Le dossier est refermé, la commission spéciale créée en octobre 2008 est dissoute.

En juin 2010, le responsable opérationnel de cette commission, Franz Kröll, est retrouvé mort. Tout porte à croire qu'il s'agit d'un suicide par arme à feu. Le suicide est toutefois rapidement mis en doute, ce qui donne lieu aux théories les plus diverses.

Quelques mois plus tard, Johann Rzeszut s'exprime à son tour au sujet du décès de l'enquêteur, estimant qu'il faut reprendre les investigations, qu'il le doit à la mémoire de Kröll, faute de quoi il ne pourrait « plus se regarder dans la glace[1] ». Jusque-là, les investigations auraient été « fondamentalement et durablement entravées », des pièces importantes auraient même été soustraites. Kröll aurait été soumis à une « pression objectivement indéfendable », dans la mesure où on lui aurait suggéré « sans équivoque » de clore le dossier. Et ce, alors même qu'« un besoin d'informations complémentaires avait émergé peu auparavant ». Le décès serait « exclusivement imputable à des raisons de service »[2].

---

1. *Der Standard*, 4 novembre 2010.
2. http://www.krone.at/Oesterreich/Chefermittler_der_SOKO_Kampusch_in_den_Tod_getrieben-Ex-Richter_klagt_an-Story-225467.

L'autorité compétente à Graz qualifie ces allégations de « totalement fantaisistes ».

8 septembre 2010 : Mon autobiographie *3 096 jours* est publiée. En mai de la même année, la société de production Constantin Film avait fait part de l'intention de Bernd Eichinger de la porter à l'écran. Après son décès, Sherry Hormann reprend la production. Le tournage doit commencer en 2012.

2 novembre 2010 : On apprend que le parquet d'Innsbruck engage des poursuites à l'encontre de cinq procureurs de la République de Vienne pour abus de pouvoir. La procédure s'appuie sur une « notification des faits au parlement » émanant de Johann Rzeszut, selon laquelle les accusés auraient « systématiquement et obstinément négligé certains résultats de l'enquête de police ».

3 mai 2011 : La République d'Autriche me refuse le versement d'une indemnité de captivité, au motif qu'il n'existait pas de soupçon fondé contre le ravisseur avant mon évasion.

24 novembre 2011 : Au terme de dix mois de travail, un rapport de 600 pages du parquet d'Innsbruck lave de tout soupçon les cinq magistrats du parquet de Vienne accusés d'abus de pouvoir. La procédure est close. Il n'y a pas d'indice prouvant que des étapes de l'enquête aient été consciemment omises. Par ailleurs, l'enquête n'a pas conclu de façon prématurée que Priklopil avait agi seul : il n'existait tout simplement aucun indice du contraire.

Pour l'ancien président de la Cour constitutionnelle Adamovich, ce n'est pas une raison pour réviser sa théorie des coupables multiples. Le FPÖ vient à sa rescousse et réchauffe fort opportunément l'histoire avec « mon » enfant, comme je l'ai mentionné. « De sérieux indices tendraient à le prouver », bien que l'hôpital général de Vienne ait catégoriquement exclu l'éventualité d'une grossesse passée et que cette mention figure dans ses documents. Dès octobre 2009, le professeur Friedrich avait communiqué l'information au parquet : elle figurait donc dans tous les dossiers accessibles aux divers comités et commissions.

En février 2012, cette prétendue grossesse aura pour conséquence qu'un inspecteur de police se faisant passer pour un éducateur à la sécurité routière va se présenter dans une école à Laxenburg pour obtenir les empreintes génétiques d'une petite fille. Au moins, je n'aurais pas assassiné l'enfant, je l'aurais confié à la sœur d'Ernst H. Une piètre consolation.

Une fois de plus, on n'hésite pas à compromettre des personnes totalement innocentes et à les jeter sous les feux des projecteurs. Pour les fantasmes de quelques messieurs qui semblent avoir perdu toute notion de décence, de morale et de mesure, mais plus encore tout rapport avec les faits.

Le débat sur les liens éventuels entre cet inspecteur de police et l'ancien président de la Cour suprême Rzeszut se termine finalement devant le tribunal au printemps 2015. Le fonctionnaire déclare avoir été mandaté par Rzeszut, ce que celui-ci nie catégoriquement. L'épluchage des appels téléphoniques du magistrat révèle cependant des contacts répétés entre les deux hommes pendant la période précédant l'incident de Laxenburg et celle qui a suivi. Rzeszut est lavé du soupçon de fausse déclaration : dans le doute, l'ancien président de la Cour suprême aurait tout bonnement oublié de mentionner le contact avec ce fonctionnaire lors de son interrogatoire, conclut le tribunal.

Décembre 2011 : Une nouvelle commission d'enquête parlementaire est réunie. Comme pour la première, les membres de la commission font le serment de respecter la confidentialité, en particulier concernant les détails qui pourraient porter atteinte à mes droits de la personnalité.

Mai 2012 : Des documents provenant de la commission d'enquête sont communiqués aux médias. L'origine de la fuite est impossible à identifier concrètement, mais la fuite est là. On parle de « trahison du secret parlementaire ». Il s'agit certes d'un « grave abus de confiance », déclare le président : aucun document de travail d'une commission secrète ne devrait jamais parvenir à la connaissance du public. Il ne serait cependant pas en mesure de lever l'immunité des membres[1].

Juin 2012 : La décision est prise de rouvrir complètement l'affaire et de s'adjoindre l'aide de spécialistes extérieurs. Des experts en affaires classées du FBI et de la direction générale de la police judiciaire allemande (BKA). La presse déplore une « déclaration de faillite » de l'Autriche.

---

1. derstandard.at/1336696770984/Fall-Kampusch-Parlamentarischer-Geheimnisverrat-bleibt-ohne-Sanktionen.

15 avril 2013 : Les experts confirment eux aussi que Priklopil a selon toute vraisemblance agi seul, qu'il n'avait pas de liens avec d'hypothétiques réseaux pornographiques et qu'il a effectivement mis fin à ses jours. Appelée à me prononcer sur ce résultat, j'ai fait la déclaration suivante : « Je suis heureuse qu'une équipe internationale de spécialistes des affaires classées réunissant le BKA allemand et le FBI américain ait constaté qu'il n'existait aucune preuve de la participation de tiers, c'est-à-dire de la théorie des coupables multiples. J'espère que ce rapport mettra un point final à l'affaire criminelle Natascha Kampusch. »

Aujourd'hui encore, cela reste un mystère pour moi qu'on ait pu tourner aussi longtemps en rond, gaspiller autant de temps, d'énergie et d'argent pour aboutir toujours au même résultat. Chaque fois, on sortait une nouvelle hypothèse du chapeau. Comme la dernière en date : Priklopil aurait été déjà mort quand il est tombé sur les rails. Mais alors qui l'a tué ? Qui a déposé son corps sur la voie ?

Le rapport d'autopsie, la déposition du conducteur du train de banlieue et les différents rapports des spécialistes externes et internes affirment pourtant qu'il ne saurait y avoir de doute légitime sur son suicide.

Au *printemps 2016*, cette thèse est réchauffée à son tour. Le frère de feu le responsable de la commission spéciale Kampusch de Vienne a porté plainte contre X. Le suicide de Franz Kröll avait même donné lieu à des spéculations de meurtre. Johann Rzeszut déclare au magazine *Der Spiegel* : « Ce n'est pas possible d'accepter sans rien faire qu'une affaire criminelle comportant au moins une présomption de meurtre puisse être considérée comme close, avant même que toutes les principales pistes d'investigation aient été épuisées[1]. »

C'est une véritable boucle sans fin.

---

1. http://www.spiegel.de/panorama/justiz/natascha-kampusch-zweifel-an-suizid-des-entfuehrers-wolfgang-priklopil-a-1087957.html.

REMERCIEMENTS

Merci à ma famille, vous qui ne m'avez jamais oubliée.

Je tiens à remercier toutes les personnes qui ont cru en moi pendant la durée de ma captivité et après cette période.

Je tiens à remercier tous ceux qui ont témoigné de la compréhension pour ma situation.

Et toutes les personnes qui m'accompagnent professionnellement et en privé et qui ont rendu beaucoup de choses possibles pour moi.

Table

Prologue 9

Entre « Kaspar Hauser » et « sensation mondiale »
— *Les premières semaines de ma nouvelle vie* 23

« Mademoiselle Kampusch, comment allez-vous ? »
— *L'interview* 63

Un rapprochement observé à la loupe
— *Mes parents, les médias et moi* 87

« Va donc danser ! »
— *Le combat pour la normalité* 117

Freinée dans mon élan
— *La difficile recherche d'une mission* 143

3 096 jours
— *Mon livre devient un film* 159

« Je finirai peut-être par la faire sauter »
— *La maison de Strasshof*............................ 187

Une question de décence
— *Mon engagement au Sri Lanka* 205

Dans la boucle sans fin
— *« Le Natascha Gate »*............................... 229

Épilogue 251

Annexe
— *Chronologie des événements* 261

Remerciements 279

Du même auteur :

3 096 JOURS, Lattès, 2010.

Le Livre de Poche s'engage pour
l'environnement en réduisant
l'empreinte carbone de ses livres.
Celle de cet exemplaire est de :
250 g éq. CO₂
Rendez-vous sur
www.livredepoche-durable.fr

PAPIER À BASE DE
FIBRES CERTIFIÉES

Composition réalisée par PCA

Imprimé en France par CPI
en août 2017
N° d'impression : 3024270
Dépôt légal 1ʳᵉ publication : août 2017
LIBRAIRIE GÉNÉRALE FRANÇAISE
21, rue du Montparnasse - 75298 Paris Cedex 06

63/4755/9